LES

CONSTRUCTIONS EN BOIS

DE

LA SUISSE

LES

CONSTRUCTIONS EN BOIS

DE LA

SUISSE

RELEVÉES DANS LES DIVERS CANTONS

ET COMPARÉES AUX CONSTRUCTIONS EN BOIS DE L'ALLEMAGNE

PAR

ERNST GLADBACH

PROFESSEUR A L'INSTITUT POLYTECHNIQUE DE ZURICH

TEXTE TRADUIT

PAR

MM^{rs} SCHACRE, ARCHITECTE, ET HENRY DE SUCKAU

PARIS

Ve A. MOREL ET Cie, LIBRAIRES-ÉDITEURS

13, RUE BONAPARTE, 13

M DCCCLXX

AVANT-PROPOS

« L'architecture des campagnes, dans les contrées où elle a conservé son caractère historique
« et original, appartient aussi bien à l'histoire de l'art que les chants populaires appartiennent à
« l'histoire de la musique. » Nous ne saurions trouver de meilleure épigraphe à placer en tête de
cet ouvrage que ces trois lignes de Riehl [1].

En effet, la Suisse a su donner à ses constructions en bois des siècles derniers, comme à ses
chants populaires et à ses costumes, une expression poétique et artistique que chacun se plaît à
reconnaître. Ses chalets, grâce au mérite de leur exécution et à l'effet pittoresque produit par leur
décoration polychrome, se sont assuré un rang honorable parmi les créations architectoniques.

Mais jusqu'à ce jour on s'est attaché de préférence à décrire les maisons de l'Oberland bernois,
faites en poutres équarries (blockhaus) [2]. Cependant ce genre de construction s'est étendu hors de
l'Oberland bernois Dans les cantons d'Unterwald et de Lucerne il n'a subi presque aucune modification ; Uri et Schwyz ont conservé le véritable type du moyen âge.

Zurich, Zug et Saint-Gall, avec leurs toits élevés et roides, couverts en bardeaux, présentent
déjà un caractère différent dont se rapprochent beaucoup les constructions d'Appenzell. Le style qui
s'en écarte le plus est celui de Turgovie, d'Argovie et des pays plats de Zurich et de Saint-Gall, où
la construction en troncs d'arbres (le blockbau) s'est plus ou moins perdue. Dans ces contrées, les parois des maisons sont formées d'un système de poteaux et de sablières dans lesquels sont engagés des
madriers. C'est une tradition entre les blockaus proprement dits et les constructions en pans de bois
entretoisés de l'Allemagne. On y rencontre aussi en grand nombre les pans de bois hourdés de pierres,
et il est à remarquer que, même dans ce cas, les assemblages ne laissent rien à désirer et sont soignés
jusque dans les moindres détails.

Si l'on voulait établir des rapprochements ou des parallèles, on pourrait comparer les blockaus de
la Suisse avec ceux du Tyrol, par exemple ; ou encore les parois en madriers, — que l'on trouve dans certaines parties de l'Oberland bernois, mais surtout dans les derniers cantons que nous avons cités, —

---

(1) W. H. Riehl, *Peuples et Pays*, page 164.
(2) Graffenried et Sturler : *Architecture suisse*. — Hochstatter : (*Schweizer Holzarchitectur*) *Les Constructions en bois de la Suisse*. — Varin : *L'Architecture pittoresque*. — Forster : *Journal d'architecture*.

avec les constructions de la Forêt-Noire [1] et les pans de bois de certaines contrées de l'Allemagne. Il y aurait encore d'utiles rapprochements à établir, pour le plan et la distribution intérieure, entre les constructions rustiques de Soleure et celles de l'Argovie supérieure et de l'Emmenthal (vallée de l'Emm). Là, comme dans les marches de l'Allemagne du Nord, hommes et bêtes habitent sous un même toit, dont les vastes combles servent en outre aux approvisionnements de fourrage. Il résulte de ces dispositions que, par certains côtés, les maisons se présentent tout en toitures.

Les chalets du pays de Berne sont le type le plus pur de ce genre de constructions. Les parois sont formées dans toute leur longueur de poutres superposées, entaillées à mi-bois à leurs points de croisement et saillant de toute leur épaisseur sur les parements. Les toits sont très-plats, couverts en bardeaux et chargés de lourdes pierres. Le style de ces blockaus étant pour ainsi dire le seul qui ait été décrit dans les publications spéciales parues jusqu'à ce jour, on pourrait en conclure qu'il constitue l'élément fondamental de l'architecture suisse. Il n'en est rien. Ce qui distingue ce type, c'est la charpente en empilage prise comme principe de construction ; or ce système de charpente tend à disparaître de jour en jour, par suite du déboisement croissant des forêts ; et les solives superposées sont remplacées dans la plupart des pays et dans la Suisse elle-même par des pans de bois avec des remplissages de différentes natures. Ce dernier mode de bâtir est très-commun en Allemagne, et tout naturellement il a d'abord été adopté dans les cantons situés à l'est de la Suisse, où depuis des siècles il règne exclusivement dans certains districts, tandis que dans d'autres il participe à la fois des deux systèmes et forme entre eux comme un genre intermédiaire.

Toutefois le caractère original de l'art suisse est aussi nettement accusé dans ces cantons que dans l'Oberland bernois ; nous ne tarderons pas à nous en convaincre en examinant quelques édifices choisis dans lesquels on en retrouve toutes les particularités distinctives. Dans ces études, nous attacherons plus d'importance à la question de bâtisse proprement dite qu'à celle du pittoresque, car l'intérêt de ce système de construction en pans de bois n'est pas limité aux frontières de la Suisse ; il peut servir de modèle à tous les âges et à tous les pays ; aussi l'extension qu'il prend tous les jours donne-t-elle à notre œuvre un caractère éminemment pratique.

S'il est logique, quand on a la pierre sous la main, de l'employer de préférence pour élever des murs extérieurs, il n'est pas moins rationnel, là où le bois est d'un usage indispensable, de l'employer de manière à lui conserver un cachet artistique. Et ici encore l'étude des constructions en bois de la Suisse est d'une utilité incontestable. Elles offrent tout l'attrait qu'un peuple intelligent peut donner à son architecture :

« Une décoration en rapport avec la contrée environnante, une architectonie simple et gracieuse
« à la fois, des ornements tirés du monde des plantes, tels que des ceps de vigne et des branches de
« fruits entrelacés, des cloisons et des auvents recouverts d'un frais tapis de verdure : voilà par quels
« moyens, mariant ensemble l'art et la nature, les architectes de ces simples demeures atteignent au
« pittoresque le plus saisissant. »

Cette décoration témoigne autant de la poésie naïve des siècles passés que les sentences gravées sur les maisons et les ornements attributifs des professions de leurs habitants ; c'est un reflet de l'enfantine imagination de ces artisans d'autrefois, pour qui la satisfaction qu'ils éprouvaient était déjà un

---

[1] Dr H. Geyer : *Holzverbindungen Deutschlands* (Des Assemblages en bois en Allemagne). — Eisenlohr : *Holzbauten des Schwarzwaldes* (Constructions en bois de la Forêt-Noire).

salaire, et qui espéraient perpétuer leur souvenir en gravant sur leur œuvre la date de son achèvement à côté du nom du constructeur.

Le même thème se reproduit avec une grande variété d'expression, à l'exclusion de toute décoration particulière. Il y a souvent dans cette simplicité et dans ces formes primitives un enseignement précieux pour l'artiste, qui apprécie d'autant plus les détails même peu apparents qu'ils se rapportent mieux à l'ensemble, et qui cherche « un monde idéal de formes toujours en rapport, même dans les « combinaisons de la plus pure fantaisie, avec la nature des matériaux et les données de la construc- « tion, et dans lequel, surtout en présence des moyens de décoration restreints, l'effet général n'a ja- « mais été perdu de vue. »

Dans les spécimens que nous avons choisis, ces avantages sont encore rehaussés par l'heureuse harmonie des couleurs naturelles ou artificielles qui les décorent.

Les constructions en bois de la Suisse sont une mine inépuisable de renseignements, et l'architecture moderne peut leur emprunter bien des motifs dont le style n'a pas vieilli. Le retour que leur étude amène à faire vers les éléments simples de la nature est une source de plaisir et de délassement.

C'est parmi les plus anciennes de ces constructions que l'on retrouve les bons principes, nous dirions presque les bonnes mœurs dans toute leur pureté, à savoir : donner toujours à la construction extérieure des formes nobles et artistiques en rapport avec la construction intérieure, mais ne jamais employer d'ornement qui n'ait sa raison d'être ou son prétexte dans cette construction même.

De saines traditions se sont aussi conservées dans les assemblages, témoin ces pièces sans recoupe et sans tenons, assemblées en élégantes queues d'aronde et fixées par ces beaux clous en bois sculpté qui ne furent remplacés par des clous en fer que vers le XVIIIe siècle. Le goût dominant de l'assemblage en triangles dans les pignons et les cloisons légères conduisit à un certain genre très-particulier de murs à claire-voie, dont le plus grand, de 100 pieds de longueur sur 50 de hauteur, supporte depuis 1721, dans le comble de l'église de Baar, canton de Zug, des poutres de 50 pieds de longueur. Plus tard, vers la fin du XVIIIe siècle, la construction est au contraire dissimulée par des revêtements en planches qui n'offrent plus au peintre que des surfaces uniformes, des plans unis ou évidés ; ou bien encore elle se présente sous des formes classiques étrangères au pays et en contradiction avec la nature des matériaux employés : ce sont par exemple des façades en bois d'ordonnance dorique, avec pilastres, triglyphes et métopes, et des corniches à grande saillie surmontées de toits raides, couverts de bardeaux.

Le nombre des constructions les plus anciennes, qui sont aussi les plus intéressantes, diminue de jour en jour. Ce que le temps et les intempéries des saisons ont respecté cède à la maladie envahissante de la mode et de l'uniformité, à l'ignorance qui méconnaît les qualités historiques et artistiques, ou bien encore à un goût faussé.

Ajoutez à cela l'exportation d'un grand nombre de chefs-d'œuvre qui sont très-appréciés à l'étranger, tels que meubles richement sculptés ou incrustés de marqueterie, poêles de poterie peinte et ornementée, jusqu'à des cloisons et des toits tout entiers.

Aussi, dans un avenir peu éloigné, sera-t-il plus facile de se rendre compte des aménagements intérieurs des anciennes maisons suisses dans les cabinets des lords anglais et des banquiers français que sur le sol même de la Confédération, bien que les beaux meubles ne fassent plus le même effet une fois qu'ils sont enlevés à leur cadre naturel. De tous côtés des voix autorisées demandent que l'on recueille ce qui reste de cette architecture avant sa prochaine disparition, et qu'ainsi du moins on l'arrache à l'oubli.

C'est pour répondre à cette pensée que l'auteur s'est attaché, dans cet ouvrage, à une reproduction exacte et à une minutieuse fidélité. Il a fait suivre ses monographies d'un parallèle entre la construction en bois et la construction en pierre, et de considérations sur la fusion de ces deux systèmes.

La publication s'ouvre par la description de quatre maisons choisies parmi celles qui représentent le mieux les deux systèmes dominants de la construction en bois de la Suisse : les cloisons en pans de bois ou en madriers, d'une part, et de l'autre les cloisons en empilage. Pour les autres planches, l'auteur se borne à donner des explications sommaires avec renvois aux monographies, et il termine par une comparaison des constructions en bois suisses et allemandes qui sont reliées entre elles par une parenté d'origine.

Quant aux planches supplémentaires, elles sont placées dans le même ordre que celles des monographies, c'est-à-dire d'abord celles qui se rapportent aux pans de bois et aux cloisons en madriers, ensuite celles qui se rattachent au genre des blockaus, de telle sorte que les constructions semblables des mêmes cantons se suivent naturellement.

Un coup d'œil jeté sur la table générale des planches, qui se trouve à la fin de notre texte, fera comprendre mieux que toute explication le système de classement que nous avons suivi, et nous prions le lecteur de vouloir bien s'y reporter pour plus ample renseignement.

CONSTRUCTIONS EN BOIS DE LA SUISSE

LE MOULIN DU MANNEBERG

(Planches I à III).

Le moulin du Manneberg, près d'Effretikon, dans le canton de Zurich, est isolé au pied d'un coteau appelé le Manneberg, à peu de distance du chemin de fer de Zurich à Winterthur.

La Compagnie de ce chemin de fer ayant à sa charge la remise en état des bâtiments et du système hydraulique du moulin atteint par la construction de cette voie, ce qui aurait occasionné de grandes dépenses, préféra en faire l'acquisition, et le moulin cessa d'être exploité.

On peut voir sur la planche III, qui représente la façade ouest, la place qu'occupait l'ancien fossé du moulin et celle des trois roues sur la face longue exposée au midi.

L'état primitif de la maison est du reste assez bien conservé. Cela tient peut-être à ce qu'elle est restée, depuis sa construction jusqu'au jour où elle fut achetée par la Compagnie du chemin de fer, entre les mains de la famille Wegmann.

La date de la construction, 1673, et le nom du charpentier, Ulrich Bruzer, se lisent sur une console en bois (fig. 1) à l'angle sud-ouest de la maison. Les faces de dessous de ces consoles, inclinées d'une façon convenable pour l'œil et abritées de la pluie, ont souvent servi à des inscriptions de ce genre.

Sur le côté de la maison (pl. III) on voit à l'arrière-plan un petit bâtiment de communs qui contient une étable à porcs et les lieux; on voit aussi la pompe de la cour.

La distribution irrégulière des portes et des fenêtres sur la face du pignon, résultant des exigences du plan, produit un effet très-pittoresque, augmenté encore par les peintures qui couvrent la maison.

Les bois de la charpente s'enlèvent en rouge foncé sur le fond blanc des murs. Dans les volets, dans les encadrements des fenêtres accouplées, comme aux têtes des chevrons, le vert et le jaune se combinent avec le rouge et le blanc. Aux quatre coins de la maison on trouve encore des traces de filets noirs simulant des chaînes d'angle.

Fig. 1.

De chaque côté de la porte, il y avait des sentences de la Bible avec des ornements tracés sur le crépi.

Le bâtiment a 20 mètres de longueur sur 14^m.40 de largeur (fig. 2).

On arrive, par un escalier extérieur en pierre a orné d'une belle rampe en fer, à la porte d'entrée, et au corridor b du rez-de-chaussée, qui est ainsi en contre-haut du sol. A droite du corridor et au-dessous s'étendaient les planchers c, c, c, à des niveaux différents, comme le demande le service d'un moulin. Ces planchers communiquent avec le couloir *b* par un escalier double ; ils en sont séparés sur le devant par deux poteaux en chêne, entre lesquels court un garde-corps.

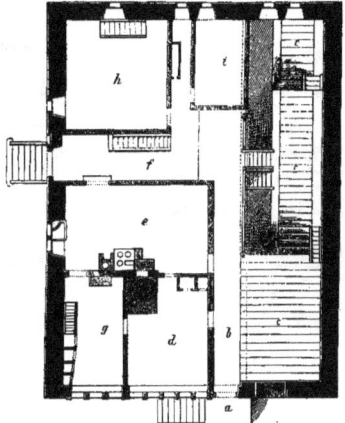

Fig. 2. Échelle de 0.005 par mètre.

A gauche sont les deux portes ouvrant sur la chambre *d* et sur la cuisine *e*; on trouve, à la suite, l'escalier montant à l'étage et la porte qui donne sur la cour.

Les quatre panneaux supérieurs de la cloison de gauche du couloir portent une inscription en vers. (Les lettres, en noir sur enduit blanc, ont de 21 à 24 millimètres de hauteur, avec intervalle de 24 millimètres entre les lignes.) Voici cette inscription :

1° Seigneur mon Dieu, je te rends grâces ; je célèbre chaque jour ta bonté et la puissance, qui nous comblent de biens et nous donnent le pain quotidien qui nous fait vivre.
Merci à toi, Seigneur Sabaoth !

2° Le grain que tu fais sortir de terre devient sous la meule de la belle farine blanche. Nous en faisons du bon pain, le pain qui nous fait vivre.
Merci à toi, Seigneur Sabaoth !

3° Quand le meunier chante gaiement, quand le moulin fait tic-tac, tout homme se réjouit. Il sait qu'on lui prépare du bon pain, le pain qui nous fait vivre.
Merci à toi, Seigneur Sabaoth !

4° Ah ! Seigneur, fais que le moulin et le chant du meunier ne s'arrêtent jamais, car tant qu'on les entend nous avons du pain, le pain qui nous fait vivre.
Merci à toi, Seigneur Sabaoth !

La figure 3 montre la cloison qui porte cette inscription vers la porte d'entrée ; elle montre aussi un des poteaux et la balustrade vus du plancher inférieur.

La chambre d'habitation *d*, éclairée par cinq fenêtres accouplées, communique avec la chambre à côté *g*, éclairée par trois

Fig. 3.

fenêtres semblables, et avec la cuisine *e*. Ces deux chambres devaient être chauffées par un grand poêle en faïence placé au fond, à gauche, dans la chambre *d*; mais la chambre *g* n'en recevant pas assez de chaleur, on dut y installer un poêle particulier. Contre le mur de cette chambre *g* sont des placards dont l'un sert d'accès à un petit escalier dérobé conduisant à la chambre à coucher de l'étage.

La cuisine, spacieuse, contient le manteau de cheminée et deux poêles ; il n'y a ainsi qu'une seule cheminée dans toute la maison. La chambre à coucher de l'étage reçoit suffisamment de chaleur par une ouverture de $0^m.15$ pratiquée dans le plancher au-dessus du poêle ; elle en reçoit aussi par l'escalier de service.

Sur le pignon nord-ouest une chambre *h*, communiquant avec le couloir du fond, et un bûcher *i* complètent la distribution du rez-de-chaussée, avec un étroit espace entre ces deux pièces pour une pompe à feu.

Un petit escalier conduit de la chambre *h*, qui sert de cellier, à la cave couverte par un poutrage qui s'étend au nord d'un pignon à l'autre, et qui est séparée par un mur de l'aire du moulin, dont le sol est de trois marches en contre-haut ; le sous-sol est ainsi divisé dans le sens de la longueur en deux parties principales réunies par une large porte pratiquée dans le mur de séparation. La partie affectée au moulin a encore deux issues particulières sur les pignons, comme l'indiquent la coupe en travers (*fig. 4*) et la coupe en long (*fig. 5*).

On peut remarquer sur le plan du rez-de-chaussée combien les communications sont nombreuses et ménagées avec soin entre les différentes pièces, du rez-de-chaussée à l'étage, et de l'intérieur de la maison à l'extérieur.

Fig. 4. Echelle de 0.005 p. m.

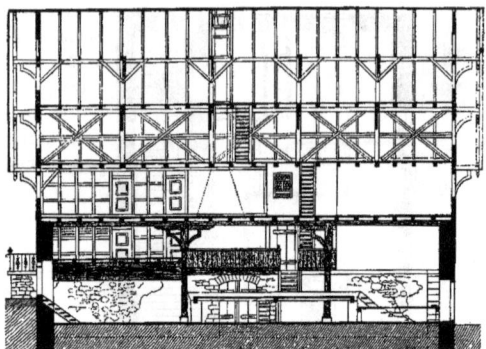
Fig. 5. Echelle de 0.005 p. m.

L'étage supérieur contient, du côté du sud-ouest, une chambre à coucher avec cinq fenêtres sur le pignon, et deux fenêtres au nord, une antichambre éclairée par deux fenêtres, et un salon ayant deux fenêtres au sud et deux à l'ouest : — ces différentes pièces sont lambrissées sur les faces et sur les plafonds ; — enfin des couloirs et des escaliers pour monter aux combles disposés comme dans le bas, et une rangée de pièces s'y rattachant.

A l'étage supérieur, sur le pignon de derrière, sont des petits cabinets d'aisance donnant sur le couloir, dont les parois sont simplement construites en planches ; ils paraissent avoir été ajoutés à la maison après coup.

Les combles n'ont pas de divisions, ils forment sur toute l'étendue de la maison un vaste grenier.

DESCRIPTION DE LA CONSTRUCTION.

MURS ET CLOISONS. — Le mur extérieur du rez-de-chaussée et les murs de refend de la cave sont en pierres de Findling de petit appareil et en moellons ordinaires maçonnés en bon mortier, et garnis de chaînes d'angle en pierre de taille.

Sont aussi en pierre de taille les marches et le palier de l'escalier de devant, le seuil de la porte d'entrée, les soubassements du plancher de mouture et les dais sous les poteaux (*fig. 3*), le dallage de la partie postérieure du moulin, les pieds et la plaque du poêle, de $0^m.12$ d'épaisseur et de $1^m.65$ sur $1^m.89$ de surface; l'évier de la cuisine, les bouches et l'encadrement du foyer, enfin la fontaine de la cour et son auge. En somme la pierre de taille a été employée dans cette construction avec beaucoup de réserve, sans doute à cause de la facilité avec laquelle elle se délite : ainsi les encadrements des portes et des fenêtres sont en bois de chêne, à l'exception du seuil de la porte d'entrée.

Les murs des deux faces longues, qui sur 20 mètres de longueur ne sont pas reliés, ont $0^m.75$ d'épaisseur; les deux pignons ont $0^m.705$, le mur de séparation de cave $0^m.57$; enfin le mur d'appui des fenêtres accouplées de la face antérieure a $0^m.30$ d'épaisseur.

A l'intérieur du moulin les murs sont crépis comme à l'extérieur et blanchis au lait de chaux ; dans la cave ils sont seulement jointoyés.

Les cloisons du rez-de-chaussée de $0^m.18$ d'épaisseur, les parois extérieures et les cloisons de l'étage supérieur de $0^m.15$ d'épaisseur, et les faces des deux pignons sont en pans de bois, en sapin, hourdés en blocage. Le remplage se faisait comme on fait aujourd'hui pour les cloisons en briques, avec l'aide d'un panneau en planches qu'on appuyait contre les bois afin d'obtenir un parement bien dressé.

Il est à remarquer que certaines pièces de bois sont renforcées d'épaisseur; ainsi les poteaux corniers (pl. III, *fig. 1*) ont

0^m.27 sur 0^m.33 d'équarrissage; les poteaux à la rencontre des cloisons ont 0^m.18 sur 0^m.21–0^m.27. La sablière qui porte sur la maçonnerie a 0^m.21 sur 0^m.33; les autres sablières et pièces d'enrayure ont 0^m.18 sur 0^m.21; — tandis que les autres bois des cloisons n'ont que 0^m.18 sur 0^m.195 au rez-de-chaussée, et seulement 0^m.15 sur 0^m.165–0^m.180 à l'étage. Les saillies de ces renforcements sont prises sur l'intérieur. Les sablières des cloisons traversent avec toute leur épaisseur les baies des portes et relient ainsi les murs et le poutrage.

Fig. 6. Echelle de 0.033 p. m.

La figure 6 montre, en élévation, une partie du pignon antérieur, et, en coupe, le mur longitudinal. Les liens, de 0^m.165 d'épaisseur, se croisent à mi-bois et sont à leurs extrémités assemblés à tenons et mortaises comme toutes les pièces des pans de bois. Le cintre de ce panneau est garni d'un cercle formé de quatre planches cintrées de 0^m.45 d'épaisseur, engagées dans des entailles pratiquées dans les deux pièces en croix de saint André et fixées avec des clous.

Dans certaines constructions nouvelles on s'est servi de ce procédé amplifié pour donner à des pans de bois grossiers et de maigre équarrissage une apparence plus riche : on revêtait les parois de planches rabotées, jointives et passées à l'huile.

Les poteaux des cloisons sont rarement inclinés. Pour obvier à la déviation facile des bois réunis à angle droit, on les a maintenus par des liens emboîtés à entailles et assemblés à queue d'aronde dans les poteaux corniers (fig. 6); on formait ainsi des triangles fermes constituant un ensemble rigide.

HAUTEUR DES ÉTAGES. — La cave a 3 mètres de hauteur sous le poutrage, le rez-de-chaussée 2^m.235, l'étage 2^m.40, le 1er étage des combles 2^m.58. La hauteur d'appui des fenêtres est de 0^m.840 au rez-de-chaussée, et de 0^m.885 à l'étage. Les parements des étages sur les pignons sont à l'aplomb les uns des autres. Le profil du cordon du rez-de-chaussée à la hauteur du poutrage a été tenu en retraite du mur (pl. III, fig. 2) pour le jeu des volets. Les profils des appuis et du poutrage supérieur saillissent au contraire de 0^m.06 et de 0^m.03. Les deux entretoises en chêne de 0^m.30 de hauteur formant l'appui des huit fenêtres accouplées du pignon s'assemblent à tenons dans les poteaux des cloisons. Les poteaux en chêne qui forment les montants ou les meneaux des fenêtres ont 0^m.108 d'épaisseur; dans la chambre d'habitation ils ont 0^m.150, et dans le cabinet 0^m.120.

L'entretoise d'appui des sept fenêtres supérieures est en chêne. Les poteaux qui les encadrent sont en sapin, de 0^m.105 sur 0^m.150 d'équarrissage.

REVÊTEMENT DES MURS. — Les tablettes d'appui de la chambre d'habitation et du cabinet ont 0.165 de large, 0 03 d'épaisseur, et sont en bois de cerisier comme le lambrissage de la hauteur d'appui et les banquettes qui s'étendent au-dessous des fenêtres sur toute la largeur de la chambre.

Les cloisons de ces chambres sont revêtues de planches debout en sapin, de 0.018 d'épaisseur, avec des couvre-joints profilés de 0.069 de section entre le socle et la corniche.

Les tablettes des fenêtres des trois chambres supérieures du pignon ont 0.09 de largeur et 0.03 d'épaisseur, en bois de cerisier. Les revêtements de la chambre à coucher et de l'antichambre sont semblables à ceux du rez-de-chaussée. Dans le salon ils ont été remplacés récemment par des panneaux à cadre.

Les poteaux en chêne sur le côté du couloir du rez-de-chaussée ont à la tête 0.39 en carré, et au pied 0.291; ils ont 4.65 de hauteur. Leurs arêtes sont chanfreinées; ils sont encore ornés de profils (fig. 3) qui sont pris dans l'épaisseur du bois et non rapportés. Les consoles en chêne, de 0.12 sur 0.165, fixées à la partie supérieure de ces poteaux, supportent des sommiers en chêne dont les bouts sont ornés de profils vigoureux et pleins de caractère. Ces sommiers soulagent la traverse en sapin de 0.225 sur 0.255 qui porte le poutrage. Les planches découpées qui forment la balustrade du couloir ont de 0.021 à 0.024 d'épaisseur sur 0.135 de largeur, et s'engagent dans les rainures de la sablière et de l'appui, qui ont 0.18 sur 0.18, et 0.12 sur 0.15 d'épaisseur.

PLANCHERS ET PLAFONDS. — Le sol de la cave est grossièrement pavé.

La partie antérieure du sol inférieur du moulin est planchéiée sur lambourdes en sapin; la partie postérieure est recouverte de dalles polies de 1.35 de largeur sur 1.80 de longueur. Le plancher de la pièce de mouture est en madriers de 0.081 d'épaisseur, qui reposent avec une portée de 1.50 sur deux poutres en chêne chanfreinées de 0.36 sur 0.36 d'équarrissage et de 7.80 de longueur, qui sont elles-mêmes reliées par des traverses en chêne de 0.225 sur 0.24 (*fig.* 3. A. B.).

Le poutrage en sapin sur la partie antérieure du moulin, du côté du couloir qui est en contre-bas, est couvert de madriers de 0.036 d'épaisseur et joints à feuillure. Les poutres ont ici 0.18 sur 0.21.

Le poutrage de la cave, qui est très-chargé par les cloisons, par le foyer et par les poêles, est soulagé par trois forts sommiers de 0.33 sur 0.36 qui portent par leurs extrémités sur des sablières de 0.24. Ces sablières reposent sur des consoles en chêne encastrées dans le mur. Les poutres en chêne ont 0.30 sur 0.30, et sont à 0.87 de milieu en milieu.

Sous la chambre d'habitation et sous le cabinet il y a un plancher d'entrevous; c'est-à-dire que, sous le plancher proprement dit, l'intervalle entre les poutres est fermé par des planchettes engagées par les bouts dans les rainures pratiquées dans les poutres à mi-hauteur.

Ces deux chambres sont simplement planchéiées; le couloir et la chambre du rez-de-chaussée sont recouverts de madriers de 0.036, joints à feuillure. Le plancher de la cuisine est recouvert d'un carrelage en briques.

Le dessous des poutres est apparent dans toute leur hauteur là où il n'y a pas de planchers d'entrevous; dans ce dernier cas on n'en voit qu'une hauteur de 0.12.

Les poutres des deux étages, c'est-à-dire de l'étage droit et des combles, de 0 21 sur 0.24, sont à 0.99 de milieu à milieu, et sont recouvertes de madriers joints à feuillure de 0.039 d'épaisseur et de 0.36 jusqu'à 0.60 de largeur.

Au bas du toit les poutres saillissent sur le nu du mur de 0.00, pour porter la chanlatte et pour donner un pas suffisant aux tenons des chevrons.

La marche de départ et la marche d'arrivée des escaliers sont sur des petits chevêtres entre deux solives entières.

Il n'y a de chevêtre plus grand que pour le passage de la cheminée de la cuisine. Il a 2.70 sur 3 30. Le poutrage est fixé par des brides en fer et de forts sommiers qui portent sur les murs, sur lesquels se reporte ainsi le poids du manteau et de la souche de la cheminée.

Le premier poutrage du comble est composé de solives de 0.20 sur 0.24 et de 0.99 d'écartement de milieu à milieu, avec la portée considérable de 8.25. Elles sont libres à leur extrémité contre les chevrons.

Les poutres des fermes sont renforcées par l'entrait de 0.225 d'épaisseur et servent seules à relier les murs.

Ce poutrage est couvert de madriers à feuillure de 0.039 d'épaisseur.

Le deuxième poutrage du comble est formé de solives de 0.16 sur 0.19 et n'est pas planchéié.

PLAFONDS. — Le plafond de la chambre d'habitation se compose de 16 panneaux de 0.84 sur 1.38, formés de planches engagées à feuillure dans des liernes profilées de 0.105 de largeur et de 0.06 d'épaisseur, et fixées aux poutres. Les plafonds du cabinet, de la chambre à coucher de l'étage, sont construits de la même manière. Les poutrages de ces pièces sont ainsi revêtus sans hourdage d'entrevous. Il en est de même du plafond de l'antichambre de l'étage, simplement planchéié, et de celui du salon, formé de frises encastrées dans des cadres de 0.18 de largeur et semblables au lambris de la même pièce.

Dans toutes les autres parties de la maison, les poutres sont apparentes.

CONSTRUCTION DES COMBLES. — La charpente du comble est en sapin. L'angle du faîtage est d'un peu moins de 90 degrés. La saillie du toit, sur les faces longues, produite par la chanlatte, est de 0.90. Elle est de 1.35 sur le pignon. Les chevrons de 0.99 de milieu à milieu sont portés par deux cours de maîtresses pannes. La panne inférieure repose sur des demi-arbalétriers, l'autre sur des poteaux. Les fermes sont écartées de 3.90 de milieu à milieu. Les chevrons sont, au tiers inférieur de leur longueur, consolidés par une panne intermédiaire et par des croix de saint André dont les bras croisés à mi-bois s'assemblent dans la sablière et dans la panne. Elles servent, en même temps que les contre-fiches des poteaux, à contre-butter la poussée longitudinale (*fig.* 5). Les bois de charpente du comble sont, comme les solives, placés de champ; les chevrons seuls sont sur leur large pour mieux recevoir le lattis.

Tous les assemblages sont maintenus par des clous en bois dur et bien sec en forme de coins.

Les clous en fer ne sont employés que pour le lattis.

Le plancher inférieur du comble, déduction faite de la cheminée, offre une aire de 245 mètres carrés; le plancher supérieur n'en a que 145.

Les poteaux verticaux du haut forment, avec les arbalétriers et les contre-fiches, des triangles de faibles côtés d'une grande solidité. La figure 7 fait voir comment ils sont heureusement reliés avec la panne et l'entrait.

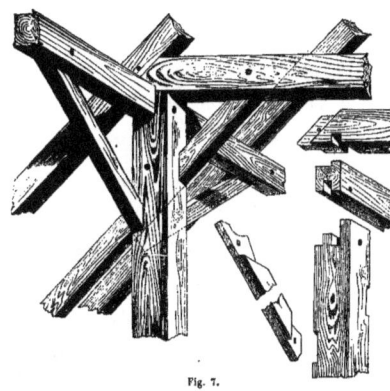

Fig. 7.

FORCE DES BOIS. — 1° Partie inférieure de la ferme. L'arbalétrier a au pied 0.21 sur 0.18, à la tête 0.42 sur 0.18 d'équarrissage; l'entrait, 0.17 sur 0.225; l'aisselier, 0.15 sur 0.18; la maîtresse panne, 0.186 sur 0.24; la panne de renfort, 0.14 sur 0.165; la croix de saint André, 0.105 sur 0.12; les chevrons ont en bas 0.15 sur 0.216, en haut 0.13 sur 0.15; les solives, 0.20 sur 0.24, saillissant d'un côté de 0.03 sur l'entrait.

2° Partie supérieure :

Poteaux de ferme, 0.20 sur 0.245; contre-fiche 0.09 sur 0.105; aisselier, 0.11 sur 0.127; panne, 0.19 sur 0.24; solives, 0.16 sur 0.19.

Les chevrons extérieurs sur le pignon se combinent d'une façon très-ingénieuse avec la saillie des pannes et au moyen de blochets et de potelets (pl. III, *fig.* 1).

Cet assemblage forme un motif pittoresque qui a été interprété avec une grande variété dans les différents cantons.

Cet arrangement paraît employé depuis très-longtemps, car dans le comble de l'ancienne église de Saint-Martin, à Landshut, tous les empanons sont reliés à la panne de cette manière.

Dans ce comble, les chevrons forment avec les blochets et les potelets à queue d'aronde de petits triangles qui donnent bonne prise à la panne.

Les triangles plus grands de ces pignons sont construits sur les mêmes principes et forment le fond même de la décoration.

Les amortissements et les moulures aux extrémités des bois sont toujours pris dans le bois, et présentent souvent comme ici la forme de deux tétraèdres en pénétration; la saillie des pannes porte sur des contre-fiches courbes qui continuent à l'extérieur la contre-buttée longitudinale.

Les dessous apparents de la saillie du toit sont revêtus de planches fixées au lattis et décorées de peinture, et les rampants du lattis saillant sont protégés par des planches découpées. Ces découpures se distinguent avec avantage de celles qu'on fait aujourd'hui si arbitrairement à contre-fil du bois.

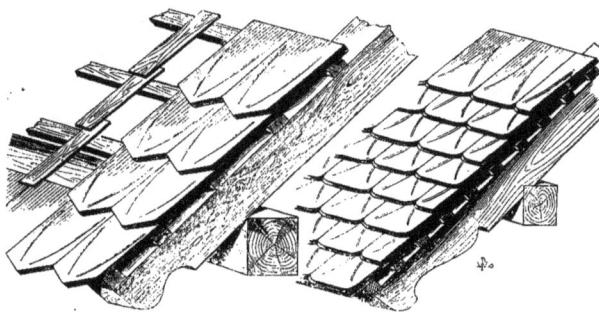

Fig. 8. Echelle de 0.066 p. m.

COUVERTURE. — La figure 8 représente à gauche la couverture du moulin à l'échelle de 0.066 p. mètre, et à droite, pour la comparaison, la couverture en tuiles usitée dans le sud-ouest de l'Allemagne. A gauche, on voit une simple rangée de tuiles avec échaudoles sous les joints, procédé repoussé en certains endroits comme dangereux à cause du feu; à droite, la couverture est double avec recouvrement des joints et, par conséquent, sans échaudoles.

A gauche, les petits canaux creusés dans la tuile dirigent l'eau vers le milieu de la tuile; les deux petits canaux s'écartent vers le bas, et dans les deux cas l'eau est écartée des joints.

A gauche, les lattes sont à 0.30 de milieu à milieu et portent sur les chevrons de 0.81 en 0.81; à droite, elles sont écartées de 0.126, avec une portée de 0.714 (1). Les grandeurs des tuiles et des bois correspondent à ces différences de portées, et la proportion se retrouve d'une façon certaine dans la portée et les épaisseurs données au bois de charpente, proportions rendues sensibles dans le tableau suivant.

	Fig. de gauche. Couverture suisse.	Fig. de droite. Couverture allemande.
Portée de la panne a d'une ferme à l'autre	3.96	2.70
Équarrissage de la panne	0.186 sur 0.24	0.15 sur 0.18
Portée des chevrons d'une panne à l'autre	3.45	3.00
Équarrissage au milieu	0.14 sur 0.18	0.126 sur 0.126
Portée des lattes entre les chevrons	0.81	0.714
Épaisseur des chevrons	0.03 sur 0.06	0.225 sur 0.375
Grandeur des tuiles : longueur	0.42	0.325
— largeur	0.165	0.162
— épaisseur	0.02	0.13

Grandeur des échaudoles : 0.36 de longueur ; de 0.05 à 0.07 de largeur, de 0.002 à 0.003 d'épaisseur.

CHEMINÉE. — La cheminée est élevée en briques de champ ; grâce à sa faible épaisseur, les poutrages sont moins chargés. Bien qu'il ne soit plus permis de construire aussi légèrement les parties servant au chauffage, nous allons traiter avec quelque détail ce cas particulier, car nous y trouverons l'application de principes généraux.

Les briques du manteau de cheminée et des patins sur les poutrages ont 0.33 de longueur sur 0.165 de largeur et 0.06 d'épaisseur. Celles du tuyau et du chapeau ont 0.285 de longueur, 0.144 de largeur et 0.045 d'épaisseur.

La cheminée s'élève isolée de tous bois comme l'indiquent les coupes (*fig.* 4 et 5). Elle est renforcée aux poutrages par des briques à plat (*fig.* 9). Sa largeur, de 0.60 à la partie inférieure, s'élargit du

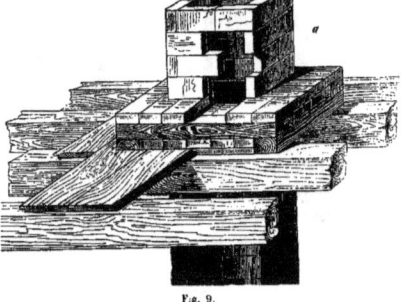

Fig. 9.

poutrage supérieur du comble jusqu'au chapeau, et finit par former un parallélogramme de 0.66 sur 0.75.

Le chapeau figure 10 présente son côté étroit au vent. La large embouchure du manteau en pyramide quadrangulaire pénètre dans le tuyau de 0.51 de largeur au-dessous du plafond de l'étage supérieur. La base de cette pyramide est de 3.30 sur 2.70. Le pied de cette pyramide, de 0.48 de hauteur, formé de 8 assises à plat, porte sur le poutrage enchevêtré. Sur ce pied s'appuient les briques du manteau, qui sont penchées les unes sur les autres de manière à reporter sur les angles un effort venant de l'extérieur.

Les parements extérieurs sont revêtus d'une couche de mortier de chaux mêlé de gousses de graines.

Le collier (*fig.* 9), formé par des assises de briques posées sur les chevêtres, se répète à des distances de 2.40 et de 3.00. Cette disposition a l'avantage de répartir le poids sur quatre points et de consolider les tuyaux de 10.00 de longueur.

Le chapeau figure 11 consiste en un toit à pignon posé sur les ouvertures de la cheminée et d'un manteau formé de tuiles de 0.02 d'épaisseur posées de champ.

Grâce à sa bonne construction, il s'est conservé intact pendant près de deux siècles.

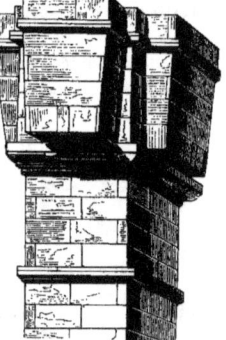

Fig. 10.

Ces assises de champ sont coupées à différentes hauteurs par des assises à plat ; d'abord à l'extrémité du tuyau, puis au pied du pignon, enfin au sommet du chapeau.

La charge se trouve ainsi équilibrée par plans horizontaux sur tout le pourtour et sur les points renforcés.

Sur la corniche du tuyau portent des tuiles en encorbellement, placées en longueur sur champ entre quatre contre-forts d'angle pris sur la largeur de la face étroite et servant de support au pignon.

( ) Dans les constructions actuelles du canton de Zurich, on écarte les lattes de $0^m.21$ dans la couverture simple à échaudoles, et de $0^m.15$ dans la couverture à joints recouverts ; on y conserve les tuiles et les épaisseurs de bois de la figure 8.

Ces tuiles, comme aussi la paroi extérieure du manteau, sont établies suivant un système d'équilibre ; elles sont maintenues dans leur écartement par des tuiles qui sont engagées entre elles en forme de coin et gardées ainsi contre le glissement.

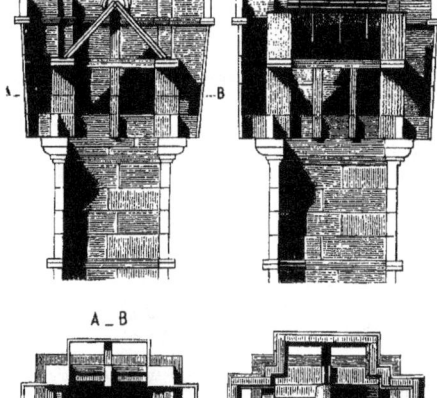

Les tuiles doubles placées l'une sur l'autre, à bain de mortier, qui forment le petit toit, s'appuient par un bout sur une tige en fer de 0.030 sur 0.0075 d'épaisseur. Cette barre est posée sur deux briques debout sur les faces du pignon ; elle sert de chaîne à ces deux briques.

Deux tuiles creuses recouvrent la barre et le joint.

Les consoles, retenues en contre-poids par la construction intérieure du petit pignon percé à jour pour le passage de la fumée, augmentent ainsi la solidité de tout l'appareil, parce que toutes les charges sont verticales.

La pluie s'écoule par les dix orifices du manteau. Le tirage de cette cheminée se fait très-bien par les plus mauvais temps.

ESCALIERS. — Les marches de l'escalier extérieur et le palier sont en pierre de taille.

Les premières ont 0.30 de giron, 0.165 de hauteur et 1.20 d'emmarchement.

Le palier a 2.28 de longueur sur 1.26 de largeur et 0.165 d'épaisseur.

Il porte scellés dans son épaisseur deux anneaux pour attacher les animaux d'attelage.

Fig. 11. Echelle de 0.04 p. m.

L'espace voûté sous les marches sert de niche au chien de la maison.

Les montants du garde-corps en fer ont 0.018 sur 0.018 d'épaisseur et sont forgés en torsade ou en forme de vis (pl. III, fig. 3 et 6). Ils sont scellés à une assez grande distance du bord de la pierre (pl. III, fig. 8), pour que l'oxydation du fer ne la fasse pas éclater, comme il arrive trop souvent.

Les tiges intermédiaires ont 0.165 sur 0.165 de section ; elles sont rivées sur la traverse du haut et sur celle du bas.

La barre couchée du haut, servant de main-courante, a 0.042 de largeur ; elle a au milieu 0.009 ; sur les côtés, pour l'écoulement de l'eau, seulement 0.006.

La traverse inférieure a 0.012 sur 0.030 d'épaisseur.

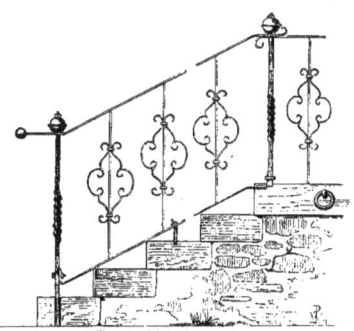

La tige du milieu du palier porte une roue de moulin en fer d'un beau dessin. Les autres tiges portent des ornements forgés (pl. III, fig. 3, 5 et 7) de 0.006 sur 0.0165 d'épaisseur. Ces ornements conservent leur symétrie dans les tiges de la lisse montante (fig. 12) et ne sont pas déformés pour suivre la pente.

Les montants sont terminés par des boules creuses de 0.114 de diamètre, faites de deux hémisphères de fer-blanc mince, réunies sur un disque de fer-blanc aussi de très faible épaisseur, dont l'effet est d'empêcher la déformation de la boule.

Ces trois parties sont percées et engagées dans le montant, qui à cette hauteur devient cylindrique et se termine par un pas de vis (pl. III, fig. 9 et 10). L'écrou serre bien ensemble ces différentes pièces, et, pour plus de solidité encore, le bout est rivé.

Fig. 12. Echelle de 0.04 p. m.

L'escalier conduisant de la cour au moulin est en chêne ; tous les autres escaliers sont en sapin.

Les marches sont coulissées dans de forts limons sans planches de revêtement ; mais les deux escaliers d'étage sont revêtus en dessous et sur les côtés de planches. Ils sont de proportions petites ; leur largeur avec les limons est de 0.90 ; les limons ont 0.15 sur 0.18 d'épaisseur; les marches ont 0.03 d'épaisseur et 0.285 de largeur. Elles se chevauchent de 0.12, de sorte que le giron n'a que 0.165, tandis que la marche a 0.21 de hauteur; les dimensions des autres marches sont les mêmes.

PORTES DE LA MAISON ET DES CHAMBRES. — La porte antérieure de la maison est à un vantail en sapin dans une baie de 0.93 sur 1.845, avec une petite fenêtre au-dessus du verrou.

Elle est faite de fortes planches de 0.033 d'épaisseur, fixées à une traverse à feuillure à l'intérieur et garnies à l'extérieur de cadres de 0.0195 de largeur, qui sont arrangés de façon à laisser les planches apparentes en deux panneaux.

Deux pentures à crampons dans les châssis, un heurtoir et une serrure allemande à clinche composent la ferrure de cette porte.

La porte d'entrée, à deux vantaux, qui donne accès à la première pièce du moulin (pl. III, fig. 3), est construite comme la précédente.

Elle a 1.53 sur 1.92 de jour.

Les planches en sapin, de 0.033 d'épaisseur, sont ici engagées à feuillure dans des châssis en chêne fort, de 0.045 sur 0.069, avec encadrement en chêne cloué de 0.018 d'épaisseur et un battement en chêne; une petite ouverture est pratiquée dans un des panneaux (un judas) et garnie d'une feuille de fer-blanc découpée.

Fig. 13. Echelle de 0.20 p. m.

La figure 4 (pl. III) montre l'assemblage du bâti cintré de la porte. Les portes des chambres sont à deux panneaux carrés.

Les portes de la chambre d'habitation sont, y compris les châssis et les chambranles, en cerisier poli; elles ont des baies de 0.93 sur 1.86; les profils (fig. 13) sont d'un bon effet.

La ferrure se compose de crampons, d'équerres et d'une serrure allemande à clinche. Les autres portes sont semblables à celle-ci, mais en bois de sapin.

FENÊTRES. — Les huit fenêtres à deux vantaux de la chambre d'habitation et du cabinet du rez-de-chaussée sont de construction récente.

Il en reste pourtant quelques anciennes au premier étage; leurs bâtis sont en mélèze; elles ont 0.795 sur 1.05 d'ouverture.

Elles se composent de deux châssis : l'un en bas, qui contient 12 vitres et s'ouvre sur le côté; l'autre en haut, contenant 4 vitres et s'ouvrant en hauteur.

Voici quelles sont les épaisseurs des bois qui composent ces fenêtres :

Le bâti dormant a 0.054 sur 0.024; la traverse du dormant 0.042 sur 0.039; les châssis des vantaux 0.030 sur 0.039; avec la saillie du jet d'eau, les croisillons 0.021 sur 0.039.

Des fiches, des équerres, des poignées, des harpes composent la ferrure de ces croisées.

Toutes les autres fenêtres sont modernes; celles du rez-de-chaussée du côté du nord et de l'ouest sont protégées par des grillages en fer.

VOLETS. — La chambre d'habitation était ordinairement exposée au sud-est ou au sud-ouest et affectait la forme quadrangulaire de 4.50 à 6m de côté.

La hauteur d'étage étant très-faible, de 2.10 à 2.55, et le jour n'entrant que d'un côté par des ouvertures basses, souvent vitrées de petits carreaux plombés, et la quantité de lumière étant encore diminuée par les auvents, il devenait nécessaire, pour éclairer la grande profondeur de ces pièces, de multiplier le nombre des fenêtres et de faire ce qu'on appelle des fenêtres accouplées.

Quand il n'y a que quatre de ces fenêtres à la suite l'une de l'autre, on peut encore employer les volets brisés, dont les deux extrêmes se fixent avec des charnières aux poteaux des cloisons. Mais quand ce nombre est dépassé, il faut que les volets se rabattent, ou se relèvent, ou se ferment à coulisse.

Le système à coulisse fut employé uniformément dans la maison, lors même qu'il y eut moins de quatre fenêtres réunies:

de telle façon que pour deux fenêtres les volets se glissaient sur les côtés, que pour trois fenêtres celui du milieu glissait de haut en bas, les deux autres sur les côtés.

L'application de l'un ou l'autre de ces systèmes dépend de l'usage des cantons et des dispositions particulières offrant plus ou moins de jeu aux volets.

Dans notre architecture moderne, les volets rabattus sont loin d'ajouter à la beauté de la façade.

On les considère plutôt comme un mal inévitable, tandis que les volets à coulisse encadrés dans des bois découpés produisaient dans les anciennes maisons suisses les effets les plus pittoresques.

Ces volets avec leurs cadres et ceux des fenêtres se prêtaient admirablement aux découpures de la plus haute fantaisie, à l'imitation des plantes et des animaux (pl. III, *fig.* l), comme aussi à toutes les applications les plus ingénieuses de la menuiserie.

La construction des volets à coulisse est tout à fait indépendante de la nature des murs de la maison, et elle reste la même que la maison, soit en pans de bois, en empilage ou en pierre. Dans le dernier cas on employait des vis, au lieu de clous, pour fixer plus solidement les encadrements. Aussi peut-on enlever des parois toute cette installation de volets sans rien changer à la construction de ces parois.

Cette installation très-simple consiste en madriers de 0.0375 à 0.0675 d'épaisseur et de 0.09 à 0.18 de largeur, rainés sur les côtés et fixés par des gros clous à la cloison ou par des vis aux jambages en pierre des fenêtres.

Les têtes de clous arrondies et souvent étamées se détachent en points brillants sur le fond sombre du bois.

Les volets, à languettes verticales sur les deux bouts, glissent dans les rainures des madriers et se manœuvrent au moyen d'une corde.

Les madriers sont reliés par des traverses ou liernes à entailles ou simplement clouées.

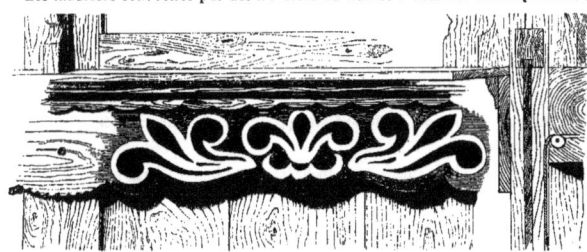

Fig. 14. Echelle de 0.13 p. m.

Dans le moulin du Manneberg, il n'y a que les quinze fenêtres de la moitié du pignon de devant qui aient des volets à coulisses verticales; les autres fenêtres sont garnies de volets brisés dont les planches collées sont assemblées deux à deux dans des châssis rainés.

Les madriers debout formant coulisses, cloués aux jambages des fenêtres, ont au rez-de-chaussée 0.066 d'épaisseur et 0.039 au premier étage, et posent par le bas sur la traverse d'appui.

Leur largeur, de 0.12 et de 0.15, est réglée d'après celle des poteaux.

A leur extrémité supérieure, à la hauteur des linteaux, la traverse est recouverte de planches ornées de palmettes découpées, de 0.195 de largeur et de 0.018 d'épaisseur (*fig.* 14), et protégées contre la pluie par une planche en égout.

Sur les côtés des montants d'angles sont clouées des bandes verticales, profilées de 0.024 d'épaisseur et de 0.105 de largeur, qui dessinent toute la hauteur des montants extrêmes et la moitié supérieure des montants intermédiaires.

Ces bordures ont une double fonction : au point de vue de l'art, elles sont d'un goût très-esthétique, en ce qu'elles accusent le mouvement vertical des volets et marquent mieux les encadrements; au point de vue de la construction, elles sont loin d'être superflues, car elles protègent les bouts des traverses et de la corniche dentelée.

La rangée des fenêtres est terminée à chaque extrémité par une planche découpée, clouée à plat contre le mur.

Cette planche est buttée de champ contre les madriers à coulisses, et elle ferme ainsi le joint formé par ceux-ci avec le mur.

Les volets ont au rez-de-chaussée 1.29, au premier étage 1.14 de hauteur.

Ils sont faits de planches collées de 0.024 d'épaisseur et emboîtées haut et bas à tenons dans les listels de traverse de 0.063 sur 0.048 d'épaisseur; les bords verticaux des volets sont en languettes.

On peut voir (pl. III, *fig.* 2) l'agencement de la corde qui sert à monter les volets. Elle glisse sur deux petites poulies en buis de 0.03 d'épaisseur fixées dans le linteau de la fenêtre.

Elle est retenue à l'intérieur par une cheville en bois.

Dans la lisse d'appui de la fenêtre est fixée une agrafe en fer qui s'engage dans un œil cloué à l'emboîture inférieure du volet.

Le volet ainsi agrafé ne peut pas s'ouvrir de l'extérieur.

PEINTURE DES VOLETS. — Les volets sont rouges avec panneau ovale blanc sur fond vert encadré d'un filet blanc.

Les jouées découpées qui sont sur les axes des montants rainés sont jaunes.

Les palmettes au-dessus des fenêtres (fig. 14) sont dessinées par un filet jaune ; l'épaisseur est en vert et le fond rouge.

Les profils des appliques découpées à chaque extrémité de la rangée des fenêtres se dessinent en blanc avec une bordure rouge.

Les roues de moulin qui les couronnent sont jaunes ; les palmettes au-dessus sont blanches avec bordure verte.

Le rouge foncé est le ton dominant dans cette maison.

MAISON DU ROSSWIESLI

AU FUCHSLOCH, commune de Fischenthal, canton de Zurich

(Planches IV et V).

La maison de paysan que donnent nos planches IV et V, et qui porte le nom de Rosswiesli, appartient à la commune de Fischenthal, canton de Zurich.

Elle est située dans un étroit vallon transversal de la Toss, dans un endroit appelé Fuchsloch (terrier de renards), non loin de l'auberge « Am Steeg » (à la montée).

La planche IV donne le pignon du midi avec une partie de la grange attenante et le plan par terre du rez-de-chaussée à l'échelle de 0.005 pour mètre. Cette maison se distingue par ses belles proportions, ses dispositions ingénieuses, et surtout par la façon remarquable dont le bois y est traité.

Elle offre un ensemble intéressant de ce système en cloisons de madriers engagés d'épaisseur dans des montants (*standerbau*).

Les parties formant la carcasse sont franchement renforcées, tandis que les pièces de remplissage, les tournisses, les planchers, les plafonds, sont de construction plus légère.

Une inscription au poêle de la chambre d'habitation porte la date de 1785, les noms des premiers propriétaires, David Kagi et sa femme Svana Shosh.

Cette date correspond certainement à la construction de la maison.

A la maison d'habitation viennent s'appuyer la grange *a* (pl. IV), l'étable *b* et le grenier à fourrage *c*.

Le toit qui couvre ces parties se croise à angle droit avec celui de la maison dont le faîtage est un peu plus haut.

Les quatre plans (fig. 15) montrent toute la commodité des distributions de cette maison malgré ses dimensions étroites.

Un escalier en bois à l'angle de gauche mène à un petit espace *d* fermé par la porte de la maison.

A droite, dans cette espèce d'antichambre, on trouve la porte de la chambre d'habitation *e*, et à gauche celle de la grange, où l'on descend au moyen de quelques marches.

A côté de la porte d'entrée est une petite fenêtre pour l'éclairage du vestibule.

La chambre d'habitation a quatre fenêtres accouplées, un grand poêle de faïence, une porte sur la chambre à coucher *f* et une autre sur la cuisine *g*.

Dans la petite chambre à coucher, à part le large lit, sont encore, près des trois fenêtres accouplées, un établi et un tour.

Les habitants s'occupent ainsi à la fois de menuiserie, d'agriculture et de tissage. La vaste cuisine a encore deux portes, l'une à l'ouest, ouvrant sur le dehors, l'autre sur le bûcher *h*, qui a sa sortie au nord, et dans le plafond une trappe ouvrant sur le grenier *i* de l'étage supérieur, destiné aux provisions de bois et autres.

Ainsi la chambre d'habitation et la chambre à coucher, situées au sud-ouest du rez-de-chaussée, sont seules privées de communications directes avec le dehors, tandis que les autres ont des issues libres sur les quatre faces et communiquent avec la grange et l'étable.

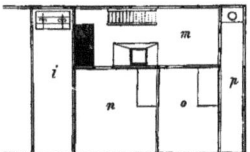
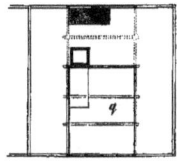
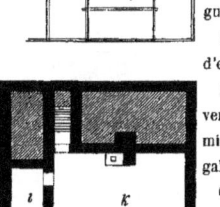

Fig. 15. Echelle de 0.005 p. m.

On arrive à la cave par un escalier en maçonnerie pris dans la cuisine; du même côté est l'escalier droit en bois qui monte à l'étage.

Le sous-sol contient une chambre à tisser *k*, éclairée par trois travées de fenêtres s'étendant sur presque toute la longueur du pignon, et un espace *l* pour les provisions d'hiver.

Le cellier prend jour par une petite fenêtre sous l'escalier d'entrée.

L'étage supérieur contient l'antichambre *m*, où se trouvent l'escalier des combles, le vaste manteau de la cheminée et trois portes sur les chambres à coucher *n*, *o*, et la galerie.

C'est dans cette galerie que sont les lieux d'aisances, éclairés par des ouvertures dans la cloison en planches.

Chacune des chambres à coucher *n*, *o*, a deux fenêtres accouplées.

Elles ne reçoivent de chaleur en hiver que celle qui peut venir du rez-de-chaussée à travers le plancher, qui est très-léger.

Il n'y a pas d'autre appareil de chauffage que le poêle de la chambre d'habitation, le foyer de la cuisine et un petit foyer dans la chambre à tisser du sous-sol, qui tous trois envoient leur fumée dans la même cheminée.

Les combles contiennent une chambre *q* éclairée par quatre fenêtres accouplées ; l'espace qui reste de chaque côté sous la pente du toit sert de débarras.

Le pignon de la maison (pl. IV) accuse avec fidélité les distributions de la partie antérieure de la maison, autant par les poteaux d'angle et de cloison que par les différents groupes de fenêtres réparties librement sans nul souci de la régularité.

Les dispositions symétriques du toit viennent rétablir l'équilibre et complètent l'effet artistique de cette façade, cherchée uniquement dans l'expression des dispositions intérieures.

Les parois de la maison, dans les parties exposées au soleil, sont d'un brun rouge foncé à reflets veloutés.

Les dessous de la saillie du toit et les parties très-exposées à la pluie, comme les bois en saillie du pignon et les bardeaux, sont gris de cendre brillant au soleil.

Les petites vitres des fenêtres enchâssées dans le plomb reflètent le bleu du ciel et adoucissent le contraste des deux tons de bois. Il est permis d'admettre que ces petites vitres font paraître la maison plus grande : en effet, la grandeur de la vitre étant facilement saisie par l'œil, elle devient pour lui comme une unité métrique avec laquelle il mesure l'ensemble (1).

DESCRIPTION DE LA CONSTRUCTION.

MURS ET CLOISONS. — Les murs de caves et de fondations, de 0.51 d'épaisseur, sont en moellons bruts et mortier jusqu'aux sablières du rez-de-chaussée.

Ils n'ont pas partout la même hauteur, les sablières du pignon étant à 0.030 au-dessus de celles des faces latérales.

(1) Voir l'article ECHELLE, dans le *Dictionnaire raisonné de l'architecture française du XIe au XVIe siècle*, par Viollet-le-Duc. A. Morel, éditeur, à Paris.

Sur le devant, le mur s'arrête au niveau du sol sur une longueur de 5.90 entre les piles d'angle, afin de permettre la prise de jour pour la chambre à tisser du sous-sol.

La sablière a du pignon (*fig.* 16) est soutenue dans la longueur de la baie qui éclaire cette chambre par le sommier b et par les poteaux c.

Les bois de l'huisserie, de 0.105 sur 0.12, sont entaillés à feuillure et reçoivent à l'intérieur les châssis des fenêtres, et à l'extérieur les volets.

Ces bois d'huisserie sont placés en avant du sommier b et adossés aux potelets c; cette saillie permet aux volets du sous-sol de se relever contre le parement sans gêner le jeu des volets du rez-de-chaussée.

La paroi au-dessous des fenêtres est entretoisée avec hourdage en briques.

Fig. 16.

Les sablières sont assemblées aux angles à tenons passants arrêtés par des chevilles en bois (*fig.* 16).

La charpente des parois extérieures consiste dans les sablières, les pannes et les poteaux corniers des angles des cloisons; ces poteaux montent de fond dans la hauteur des deux étages et sont maintenus dans l'écartement par les entretoises d'appui des fenêtres et par celles qui forment linteaux.

Dans les intervalles sont les tournisses engagées à tenons haut et bas. On laisse à ces tenons, au moment de la construction, un jeu de 0.02 à 0.045 dans le haut; ils ne viennent à épaulement que par le desséchement des madriers de remplissage.

Ces pièces, assemblées à angle droit, sont maintenues par des décharges aux angles supérieurs, encastrées en queue d'aronde au nu du parement extérieur.

Elles n'ont que moitié d'épaisseur des gros bois dont la moitié intérieure est rainée pour recevoir les bouts des madriers. Les décharges n'existent pas au pignon où les madriers sont à fleur des bois.

Les madriers sur champ qui forment le remplissage du pan de bois sont donc enrainés dans les poteaux et les sablières. Ils sont aussi entre eux à rainure et languette. On peut se rendre compte de cette disposition (*fig.* 17) et sur la fig. 2 de la planche V.

La construction des cloisons de refend répond à celle des murs extérieurs, avec cette différence que les poteaux des cloisons ne montent pas de fond.

Tous les gros bois, tels que sablières, poteaux, pannes, traverses d'appui, linteaux, ressautent sur le nu d'une épaisseur de 0.03 à 0.045. A l'intérieur, les chambres ne sont pas lambrissées; les bois apparents, dans une partie de leur épaisseur, ont les arêtes abattues; les panneaux qu'ils forment ainsi donnent aux faces intérieures un grand caractère de fermeté.

La partie supérieure du pignon formant fronton est en saillie de 0.05 (*fig.* 17) sur le parement du rez-de-chaussée et du premier étage; mais les madriers de remplissage restent à l'aplomb de ceux du bas.

Dans les chambres du rez-de-chaussée, les madriers ont 0.12 d'épaisseur; au premier étage et dans les combles, ils ont 0.075; ceux des refends ont 0.045; ceux des parois extérieures de la cuisine n'ont que 0.037.

Cette épaisseur n'étant pas suffisante contre le froid, on a cloué à l'extérieur (pl. V, *fig.* III), sur toute la face, des planches debout de 0.027 d'épaisseur; la couche d'air qui reste dans l'intervalle des madriers et de ce revêtement de planches forme un bon isolant contre les variations de la température.

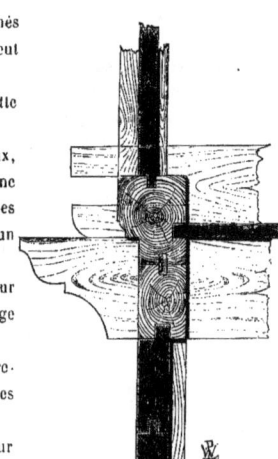

Fig. 17. Échelle de 0 10 p. m.

3

Les autres parties du pignon postérieur, les galeries en encorbellement sur le côté et toutes les faces latérales, à l'exception de l'étable, dont les parois sont plus épaisses, n'ont pas de remplissage ; elles sont simplement revêtues de planches debout de 0.024 d'épaisseur ; chaque planche est fixée par les bouts à la sablière basse et à la sablière haute au moyen de chevilles en bois à section carrée dont nous donnons plus loin quelques exemples.

On trouvera dans la note ci-dessous les hauteurs d'étage et les dimensions des bois (1).

PLANCHERS ET PLAFONDS. — Les planchers et la plupart des plafonds de cette maison sont formés de madriers de 0.039 à 0.045 d'épaisseur et de 0.36 à 0.54 de largeur. Ces madriers sont engagés à rainures dans les sablières et les chevêtres.

Ils ont les bouts vers les pignons. Dans les chambres de devant des deux étages, ils ne sont soutenus dans leur portée que par une seule poutre de 0.12 sur 0.15 (pl. V, fig. 1).

Dans les deux chambres du rez-de-chaussée, les madriers sont garnis sur la face du plafond d'un revêtement de planches distribué en panneaux à cadres moulurés.

Sous les madriers du rez-de-chaussée est un deuxième plancher (fig. 16). La traverse est ici étayée par deux poteaux dans la chambre à tisser.

L'aire de cette pièce du sous-sol n'est planchéiée que sous les métiers ; le sol de la cuisine est recouvert de dalles grossières.

Dans les combles, les madriers du plafond de la chambre reposent sur deux entraits ; sur les côtés, les plafonds suivent la pente de la toiture.

TOITURE.—Ainsi que l'indiquent la coupe transversale et la coupe en long (fig. 18), il n'y a qu'une maîtresse-ferme entre les deux pignons et trois fermes de remplage écartées de 0.0135 à 0.0150. Les deux poteaux de la maîtresse-ferme sont assemblés à tenons dans les pannes ; ce tenon mord aussi sur l'entrait à travers la panne.

Les deux pièces, espèces de liernes qui sont parallèles aux chevrons, sont assemblées en queue d'aronde dans les poteaux et l'entrait, et se croisent à mi-bois vers le haut. La ferme est ainsi maintenue par un système de triangles rigides.

Les liens embrevés dans les poteaux et dans les pannes assurent la contre-butte longitudinale. Les derniers sur le pignon portent la saillie des pannes de l'avancée du toit.

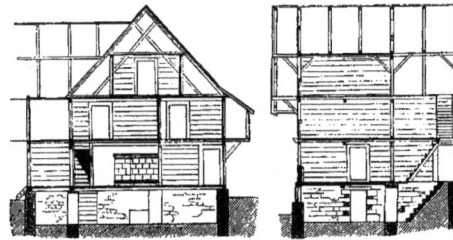

Fig. 18. Échelle de 0.005 p. m.

Les coyaux portent la couverture en saillie qui protège la galerie.

Les chevrons profilés de l'avant-toit s'assemblent à leur extrémité avec deux petits ais découpés en triangle sur le bout en saillie des pannes. Le centre de ce triangle est entaillé en forme de rond ; les habitants y engagent des petites boîtes en bois où les oiseaux viennent nicher. La figure 19 montre un spécimen de cet assemblage en triangle, relevé sur une maison à Mosnang (canton de S.-Gall) qui est de la même époque. Dans ce motif, le pied du chevron passe sur l'ais horizontal.

Les extrémités des lattes sont protégées par une planche découpée à l'arête inférieure ; cette planche est elle-même protégée par les tuiles qui sont en saillie. Ce procédé est bien préférable, sous le rapport de la durée, à celui qu'on emploie généralement

---

(1) Les hauteurs d'étage, de plancher à plafond, sont : pour la cave, 1.89 ; au rez-de-chaussée, 2.01 ; à l'étage, 2.08 ; dans les chambres, sous le toit, 2.04.

Les forces des bois sont :

1° Au rez-de-chaussée : Sablière du pignon, 0.21 sur 0.285 ; sablières des faces latérales, 0.18 sur 0.315 ; poteaux corniers, 0.168 sur 0.30 ; poteaux intermédiaires, 0.168 sur 0.36 ; pannes ou pièces d'enraynre, 0.15 sur 0.18 ; traverses d'appui, 0.15 sur 0.21 ; linteaux, 0.15 sur 0.18 ; poteaux d'angle des fenêtres, 0.08 sur 0.12 ; potelets formant meneaux, 0.105 sur 0.12 ; poteaux d'huisserie de la porte, 0.12 sur 0.18 ; contrefiches, de 0.075 sur 0.105.

2° Au premier étage, où le linteau du rez-de-chaussée forme la sablière, les traverses d'appui et les linteaux ont la même force qu'au rez de-chaussée. Les poteaux d'encadrement des fenêtres ont 0.075 sur 0.12 ; les poteaux intermédiaires ou meneaux, 0.11 sur 0.12.

3° Dans le fronton du toit, la sablière profilée et les poteaux ont 0.18 sur 0.21 ; les traverses d'appui, 0.15 sur 0.21 ; les linteaux, 0.12 sur 0.15 ; les poteaux des fenêtres, 0.09 sur 0.12 ; les meneaux, 0.105 sur 0.12.

aujourd'hui, et qui consiste à mettre la planche tout en saillie et à la découper à l'arête supérieure : elle est ainsi tout à fait exposée aux intempéries.

Dans la partie du toit en saillie sur le pignon, les lattes sont recouvertes de planches, dont la face inférieure était souvent décorée de peintures.

Ces planches n'étant point peintes dans la maison qui nous occupe, nous ajoutons à la figure I de la planche V un spécimen de ces peintures. Il appartient à une maison de Zurich de la même époque. Ces feuilles, tracées d'un gros trait noir sur un fond de lait de chaux et ombrées en gris, font assez l'effet d'une peinture au sgraffite. Nous mettons en note (1), au bas de cette page, les équarrissages de la charpente du comble.

Fig. 19.

COUVERTURE. — La couverture est représentée planche V, fig. IV et V.

Les bardeaux sont cloués sur des lattes de 0.045 sur 0.09, clouées sur les chevrons à 0.27 de milieu en milieu. Les bardeaux sont de sapin commun ou sapin rouge; ce bois se fend très-facilement quand il est coupé dans la saison de la sève.

Les bardeaux sont cloués (fig. V) par rangées horizontales et se recouvrent de presque les deux tiers de la largeur et des trois quarts de la longueur. Le recouvrement alterne par rangée de droite à gauche et de gauche à droite, de

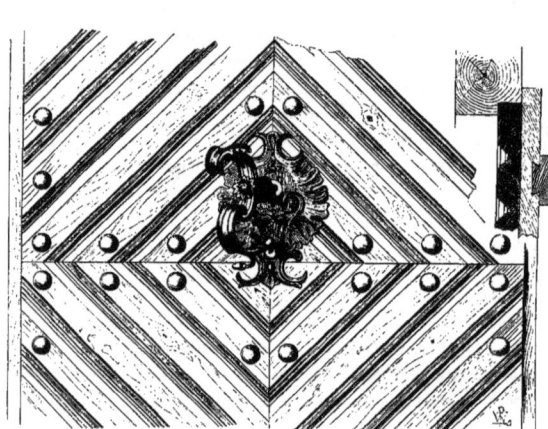

Fig. 20. Échelle de 0.125 p. m.　　　　Fig. 21. Échelle de 0.05 p. m.

façon que les clous sont cachés. On peut juger, par l'épaisseur des couches de bardeaux, de l'imperméabilité de cette couverture.

Une couverture de cette nature doit être renouvelée tous les 25 ans.

(1) La solive. . . . . 0.21 sur 0.24
Les poteaux de la ferme. . . . . 0.18 sur 0.21
Les chevrons en bas. . . . . 0.18 sur 0.21
Les chevrons en haut. . . . . 0.12 sur 0.15
L'entrait a. . . . . 0.15 sur 0.18
Les pannes. . . . . 0.18 sur 0.24

Les contrefiches . . . . 0.105 sur 0.12
Les aisseliers. . . . . 0.09 sur 0.12
Les coyaux. . . . . 0.135 sur 0.13
Les ais découpés (pièce horizontale). . . . 0.12 sur 0.15
— (pièce verticale). . . . . 0.09 sur 0.135

La partie supérieure du comble est aérée par deux ouvertures opposées, ménagées à la pointe des deux pignons (pl. IV). Cette ouverture est d'une grande utilité pour la conservation des bois.

Les bardeaux employés ici ont 0.51 de longueur, de 0.12 à 0.15 de largeur et de 0.03 à 0.045 d'épaisseur.

CHEMINÉE. — La cheminée, avec son large manteau, est construite en briques debout et son chapeau est formé par des petites piles supportant un toit à deux pentes couvertes en tuiles plates.

PORTE D'ENTRÉE ET PORTES DES CHAMBRES. — La porte d'entrée du devant (*fig. 20*) a un vantail en sapin de 1.00 d'ouverture sur 1.78. Elle est doublée de liteaux cloués en biais de 0.45. Elle est consolidée à l'intérieur par une traverse coulissée à tenon dans les madriers du vantail. Les portes d'intérieur ont 0.75 sur 1.65 d'ouverture (*fig. 21*). Elles sont divisées en deux panneaux qui sont, comme les bâtis, profilés en dehors et lisses en dedans. Elles ont des serrures allemandes à clinches et sont fixées par de belles pentures.

Les sabliers viennent en contre-haut du plancher de 0.12 à 0.15.

LAMBRIS. — Les lambris au-dessous de la tablette d'appui des fenêtres, de 0.105 de largeur, sont, dans les chambres du rez-de-chaussée, formés de planches couchées ; les murs sont revêtus de planches debout et les joints garnis de liteaux de recouvrement profilés de 0.09 de largeur, arrêtés en haut et en bas par des traverses de même largeur. Les montants des fenêtres sont également recouverts.

FENÊTRES. — Les baies des fenêtres ont les dimensions suivantes :

Dans le sous-sol, 0.63 sur 1.86 en longueur.—Au rez-de-chaussée, 0.78 sur 1.02. — A l'étage supérieur, 0.675 sur 0.99. — Dans les chambres des combles, 0.63 sur 0.975.

Les fenêtres du rez-de-chaussée sont, comme les croisillons du sous-sol, garnies de châssis à croisillons de date plus récente. Nous les avons rétablies en vue d'ensemble (pl. IV) dans leur état primitif, d'après les anciennes fenêtres de l'étage, qui sont fermées en verres plombés et encore assez bien conservées.

La construction des fenêtres à double vantail de l'étage est indiquée fig. 22 : l'élévation en *a*, la coupe horizontale sur le milieu en *b*, la coupe verticale en *c*, le guichet ou châssis mobile en *d*, et enfin en *e* le crochet en bec de canne pour les volets relevés au moyen d'une corde.

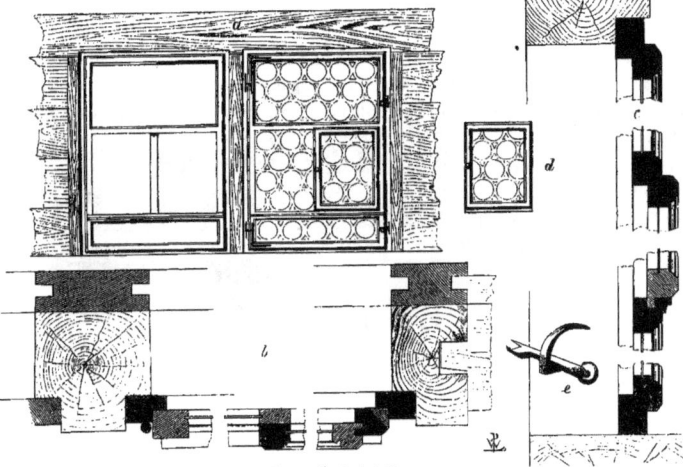

Fig. 22. Échelle de 0.033 p. m.

Une fenêtre de ce genre est très-légère à cause de la très-faible épaisseur du bois ; son vantail est consolidé par deux traverses à feuillures qui permettent au petit châssis, dont trois côtés sont à languette, de s'ouvrir sur le côté.

Les quatre fenêtres de la chambre du comble sont construites sur le même principe, avec cette différence que le vantail est à demeure ; l'encadrement forme le châssis des verres à joints de plomb ; la partie entre les deux traverses rainées contient deux châssis vitrés qui peuvent glisser l'un devant l'autre, de sorte qu'on ouvre à volonté, à droite ou à gauche (*fig. 22*).

VOLETS. — Ici les volets pour se fermer glissent de bas en haut, à part les volets brisés du bas.

Les montants rainés adossés aux poteaux sont représentés en élévation pl. V, *fig*. VI; en plan, *fig*. VII; les profils sont donnés par la fig. VIII; les meneaux par la fig. IX. Chaque montant est fixé au poteau par deux gros clous à tête étamée de 0.039 de diamètre. Ils sont par le haut emboîtés à tenons dans une traverse ornée de trois liteaux à moulures.

Les montants sont maintenus dans le bas par une traverse emboîtée à fleur des montants et ornée d'une baguette fixée par des clous; la hauteur faisant défaut dans les fenêtres du comble, la traverse inférieure n'existe pas : la corniche en tient lieu (*fig*. 1, à droite).

Les volets sont faits de madriers de 0.021 d'épaisseur, assujettis par deux barres. La barre d'en haut est garnie d'une planche dont les bouts mordent sur le montant (*fig*. VI *et* VII) et régularisent ainsi le glissement des volets, qui s'exerce surtout sur les languettes à l'extrémité des barres.

La saillie de cette planche est rachetée par une baguette profilée; sur les madriers des volets se dessine un petit panneau en forme de losange simplement fait de baguettes clouées.

Enfin les encadrements des fenêtres des deux étages sont garnis de planches découpées, engagées à languette sur le côté des montants; mais, aux fenêtres des combles, ces planches sont au droit du mur, côté des montants à coulisse des volets.

LA MAISON DES FRÈRES SCHMIDT

A Büelisacher, canton d'Argovie

(Planche VI).

La maison des frères Schmidt, à Büelisacher, dans le *Bünzthale*, a été bâtie, d'après l'inscription (*fig*. 23) placée au-dessus de la porte d'entrée, en l'année 1669, par le maître charpentier Heinrich Vockh, né à Anglikon.

Elle est placée sur la route de Muri à Lenzburg, sur laquelle elle se présente de croupe. La face longue, qui est la face principale, est orientée au midi, et donne sur le jardin, dont elle est séparée par un chemin pavé.

Elle comprend, sous son immense toit, les logements de quatre familles avec leurs écuries, aires et greniers respectifs. Sur les deux faces longues, les toits saillissent de 3.54, de façon à abriter les abords, qui sont pavés.

Ici, comme dans la plupart des anciennes maisons de paysans d'Argovie, le toit est en partie soutenu par un mur de refend surélevé jusqu'au faîte.

Fig. 23. Échelle de 0.006 p. m.

Les vastes proportions du toit offrent aux approvisionnements de magnifiques espaces, très-utiles dans les exploitations agricoles. Il est couvert de chaume.

Ce genre de couverture est aujourd'hui prohibé à cause du risque d'incendie. Cependant il a sur d'autres systèmes, quand il s'agit de constructions économiques, de notables avantages. Le chaume tient chaud en hiver et préserve de la chaleur en été. Il préserve de l'humidité mieux qu'aucun autre système. Ajoutons à cela que les matériaux en sont produits par le paysan lui-même et qu'il peut ainsi facilement les façonner.

Le plan du rez-de-chaussé (*fig*. 24) ne comprend que la moitié de la maison, qui a 11 mètres de longueur sur 14.16 de largeur. Cette moitié contient deux logements. Celui exposé au midi, plus grand que les autres, doit être considéré comme le logement principal; il est conservé dans son état primitif.

La porte d'entrée a ouvre sur le couloir b, qui donne accès à gauche en c à la chambre d'habitation, de là en d à la chambre

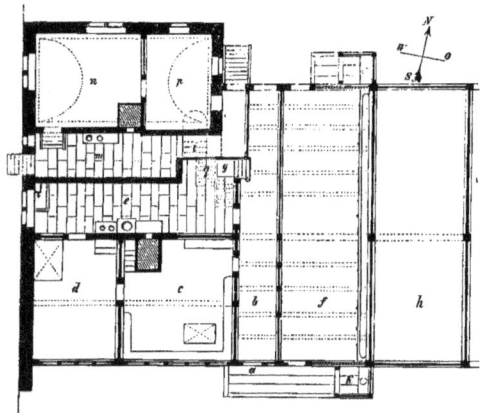

Fig. 24. Échelle de 0.005 p. m.

à coucher, et en e à la cuisine; en f à droite est l'étable des vaches, percée au nord et au sud de deux portes plus larges. L'escalier g conduit à l'étage où sont trois chambres à coucher qui correspondent aux pièces b, c, d, du rez-de-chaussée, et de là sous les combles, qui sont utilisés en greniers.

Le reste de l'espace au-dessus de l'étable, haute seulement de 1.90, comme au-dessus de l'aire à battre h couverte en madriers, est en greniers sans aucun solivage du bas jusqu'au faîte.

L'escalier i mène de la cuisine à la cave, qui est voûtée.

Les latrines k sont placées au-dessus de la fosse à fumier, en saillie sur la maison.

Dans l'enceinte de la cour est le chemin qui conduit de la grange à la route, une fontaine d'eau vive, un rucher, une grande étable à porcs et un grenier à étage avec un pressoir, le tout construit en bois.

Le logement situé au nord, et dont le sol est un peu plus élevé que le précédent à cause de la voûte de la cave, a deux portes d'entrée, l'une sur la cuisine m, l'autre sur le corridor b. La chambre d'habitation est en n, la chambre à coucher en p, l'escalier pour monter au comble est en q. Une partie de l'étable f, de la grange h et du grenier des combles appartient à ce logement sans qu'il y ait de séparation.

Ces dispositions se reproduisent presque en sens inverse pour les deux logements qui forment le prolongement de la maison. Ainsi, à partir de la grange h on trouve d'abord l'étable, puis la grange, puis le couloir et les chambres attenantes. Les murs sont remplacés dans cette partie par des pans de bois.

Ces deux habitations portent la date de 1724; elles sont donc plus modernes.

MURS EXTÉRIEURS. — La façade ouest de la maison comme les chambres au nord sont fermées par un mur en moellons de 0.60 d'épaisseur. Ce mur est prolongé de 1.35 sur la façade principale du sud pour la protéger contre les ouragans. Les

Fig. 25.

autres murs de pourtour et de refend sont en madriers de 0.06 d'épaisseur engagés à rainure dans des montants (*standerwerk*). Les poteaux corniers traversent les deux étages et pénètrent dans les combles. Les sablières sont assemblées aux angles avec des tenons à enfourchement enclavés par des clefs (*fig. 25*). Elles ont un équarrissage inusité de 0.48 à 0.66 de hauteur et de 0.30 à 0.36 de largeur.

Les entretoises d'appui des fenêtres en chêne, de 0.21 sur 0.45 (pl. VI, *fig.* III et IV), sont décorées dans un goût très-ancien. Les bouts de ces entretoises ainsi que le linteau de la porte d'entrée (*fig. 23*) débordent sur les montants de façon à masquer le joint du tenon. Tout le reste de la charpente est en sapin, à l'exception des montants de la grange.

L'assemblage (*fig. 26*), emboîté à queue d'aronde, est consolidé par deux clous carrés, dont les têtes saillantes sont habilement taillées à huit pans.

CONSTRUCTION DU TOIT. — Quand, dans un comble, les chevrons chargés par la couverture sont maintenus au pied par l'entrait, ils forment avec lui un triangle rigide, et alors il n'y a pas d'autre effort exercé sur les murs qu'un poids vertical. Mais que l'entrait soit rompu, la décomposition des forces de la charpente engendre une poussée horizontale qui agit du dedans au dehors sur le pourtour des murs, et quand les chevrons sont assemblés en manière de charnières, ce mouvement des murs est accompagné infailliblement d'un tassement du faîtage. Par contre, si l'on reporte les murs en deçà du centre de gravité du toit, ils seront sollicités vers l'intérieur et la ligne du faîtage se relèvera.

Il faut donc, quand la poussée des chevrons n'est pas annulée par les tirants et que l'on veut diminuer autant que possible le déversement des murs en dehors et en dedans, que les murs soient dans le plan vertical mené par la ligne des centres de gravité et que leur stabilité soit assurée par des contre-forts.

C'est sur ce principe que repose la construction des combles des blockhaus suisses, aussi bien des toits plats lestés de pierres (*fig. 27*) que de ceux en grande flèche qui sont simplement recouverts en bardeaux. Les chevrons portent la membrure la plus haute du pan longitudinal. Ils ne sont pas reliés horizontalement entre eux, mais les murs du pignon et le refend forment autour de la ligne médiane un puissant système de résistance.

Au contraire, dans les toits de chaume de l'Argovie, la panne faîtière est soutenue par un pan de bois solidement contrebutté : ils sont ainsi gardés contre l'affaissement du faîtage.

Les murs extérieurs ne subissent ainsi aucune poussée au vide, mais une pression du dehors à l'intérieur, bien suffisamment balancée par les refends (pl. VI, *fig.* I *et* II).

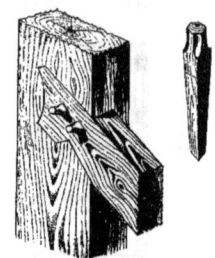

Fig. 26.

Les chevrons de ces toits ne sont pas équarris ; ils sont assemblés sur la panne faîtière en système de charnière, suivant la figure 28. La souche, étant plus forte, risque moins de s'arracher. Ils portent vers l'extrémité inférieure sur la panne portée en encorbellement par la saillie des entraits, et plus bas sur celle que soutiennent les contre-fiches.

La figure 29, ci-après, représente la moitié méridionale de la maison. On a enlevé le toit pour laisser voir le grand pan longitudinal sous la panne faîtière. Ce grand refend, qui sert de cloison pour les chambres et de séparation pour les autres services de la maison, en même temps que de soutien des chevrons, est composé des pièces suivantes :

Fig. 27.

1° De la forte sablière de fond ou sole en chêne.
2° Des grands poteaux montant du fond jusqu'au faîte, et dont l'écartement de 2.10 jusqu'à 5.90 correspond aux refends intérieurs. Ils ont en bas de 0.45 à 0.51 sur 0.30 à 0.36 d'équarrissage. Cet équarrissage diminue dans le haut, à proportion de l'amincissement des troncs d'arbre de 15 mètres de hauteur.
Ces montants, de 0.90 à 0.90, ont des chevilles en bois de 0.15 de saillie qui servent d'échelons.
Quelquefois, par suite de réparation, le montant n'est pas d'une pièce, mais se compose d'un tronçon en chêne et d'une partie plus longue en sapin. Dans ce cas, l'échelle est formée d'un montant à roulons cloué le long du montant dont il consolide les joints d'assemblage (*fig.* 30).

3° De la panne faîtière ou arbre faîtier.
4° Du membron à 1.35 au-dessous du faîte emboîté à entaille dans les poteaux. Cette pièce s'appelle dans le pays *der Katzenbaum*, l'arbre à chats (*fig.* 31).
5° Des trois cours de panne de deux étages droits et de l'étage de comble, qui sont aussi emboîtés dans les poteaux et rainés pour recevoir les madriers des cloisons de refend.
6° D'une rangée de contre-fiches qui se croisent à mi-bois et forment avec les poteaux et les deux pièces horizontales supérieures un système de triangles rigides. Les combles sont ainsi assurés contre un entraînement longitudinal. Les contre-fiches sont sensiblement plus fortes du côté de l'ouest.

Lorsque dans ces sortes de combles très-élevés le pan d'arête est bien contre-butté, il n'est plus besoin d'autre étrésillonage. Les lattes viennent encore compléter la stabilité.

Quant à la poussée latérale, le pan de bois est maintenu dans l'aplomb par deux contre-fiches visibles sur la coupe fig. 32. Elles existent à chaque poteau.

Les chevrons sont écartés de 0.90 à 1.50. Les pentes du toit sont inégales, parce que le pan qui soutient le faîte n'est pas dans le milieu de la maison. Sur le devant des granges et des écuries, l'avancée du toit forme ce qu'on appelle dans le pays des avant-ponts (*vorbrücken*), espèce de hotte servant de grenier (*fig.* 33).

La panne extrême est retenue par des tenons passants enclavés.

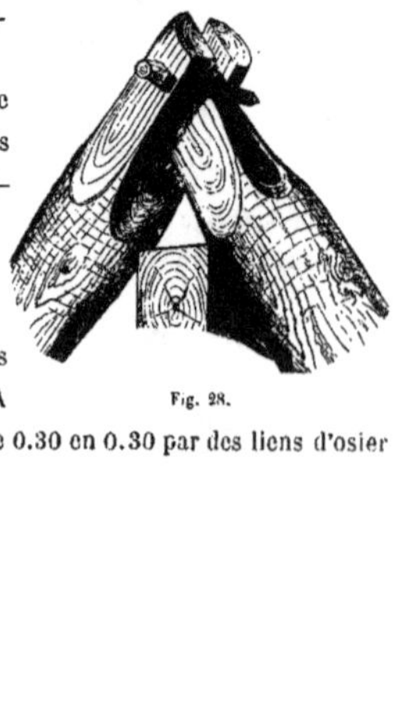

COUVERTURE DU TOIT.—Le chaume, de 0.20 à 0.30 d'épaisseur, est couché sur des lattes de 0.03 sur 0.09, qui, espacées de 0.30 à 0.36, sont clouées sur les chevrons. A chaque latte correspond une gaule de la force d'un doigt environ, rattachée à la latte de 0.30 en 0.30 par des liens d'osier et qui retient les pailles, longues de 0.20 à 0.24.

Fig. 28.

Au faîte la paille est pliée suivant l'angle du toit; la crête est en houssille courbée en demi-cercle et piquée dans la paille.

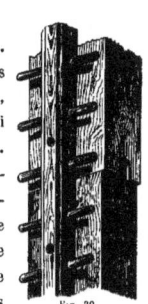

PLANCHERS ET PLAFONDS. — Le plancher des chambres d'habitation est en forts madriers, joints à feuillure, ainsi que celui du couloir en contre-bas de 0.18. La figure 34 montre la construction des plafonds de ces chambres, composés de madriers de 0.066, alternant avec d'autres de 0.033, ceux-ci engagés à rainure dans les plus gros. L'une de ces planches est coupée en biais et fait saillie au dehors à travers le linteau de la fenêtre. On peut en l'enfonçant davantage serrer les joints quand les bois se dessèchent.

Fig. 29. Échelle de 0.005 p. m.

Fig. 30.

Les madriers ne sont soutenus dans leur portée que par une seule sous-poutre de 0.225 sur 0.18 de hauteur. La cuisine est couverte en dalles de grès; le sol de la grange est de terre pilonnée; l'écurie est pavée.

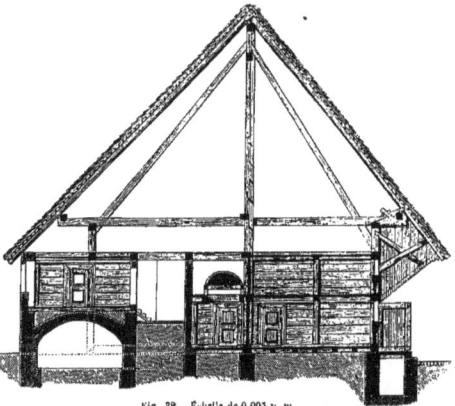

CHAUFFAGE. — Le grand poêle en faïence de la chambre d'habitation se chauffe de la cuisine; au-dessus du poêle est une trappe ouvrant dans le plancher pour chauffer les pièces du haut. On arrive à cette trappe par quelques marches maçonnées entre le poêle et la cloison.

Fig. 31.

Le manteau de cheminée du foyer de la cuisine et la cheminée en tuiles sont neufs. L'ancien manteau est indiqué sur la figure 32. La figure 35 montre en coupe longue et coupe en travers un autre manteau de ce genre, mais plus grand, tels qu'on les fait dans les maisons des forêts environ-

Fig 32. Echelle de 0.005 p. m.

Fig. 33. Échelle de 0.013 p. m.

Fig 34.

nantes. Il est formé d'une natte cintrée en anse de panier, tressée de verges et de ramilles, enduite d'un mélange de terre glaise et de paille hachée, le tout de 0.18 jusqu'à 0.21 d'épaisseur. Cette voûte repose au-dessus d'une enchevêtrure pratiquée dans le plafond sur des potelets courts. La fumée passe à travers les interstices dans les combles et s'échappe au dehors par des trous dans la couverture.

Voici comment les lucarnes sont faites (fig. 36). Entre deux lattes on force une gaule légèrement recourbée qui forme arête. A son extrémité on suspend une gaule ployée dont les deux bouts sont attachés à une latte inférieure avec de l'osier, et la paille s'étend sur cette forme.

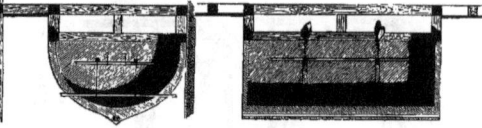

Fig. 35. Échelle de 0.01 p. m.

PORTES INTÉRIEURES ET PORTES EXTÉRIEURES. — Elles sont faites de planches en sapin doublées avec baguettes clouées aux deux panneaux et munies de barres rainées.

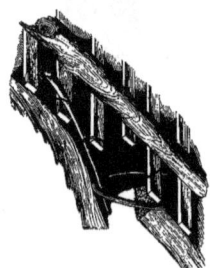

Les sablières en chêne continues sont entaillées à chaque porte. Les montants ainsi que les madriers des cloisons, à l'exception des appuis de fenêtre, ne sont garnis d'aucun revêtement. Le joint d'assemblage du poteau et de l'entretoise sous la panne est en fausse coupe, suivant la figure 37.

Les garnitures des portes de la grange et de l'étable sont en bois. Nous en donnons quelques détails figure 38.

FENÊTRES ET VOLETS. — Le châssis large du haut des fenêtres s'ouvre sur le côté. Au-dessous sont deux vantaux hauts, dont l'un dormant. Le battant est à feuillure dans l'encadrement; en hiver on fixe derrière les volets des doubles fenêtres au moyen de tringles clouées.

Les volets sont organisés comme dans le canton de Zurich, et se ferment de haut en bas, en glissant dans les rainures des montants.

Fig. 36.

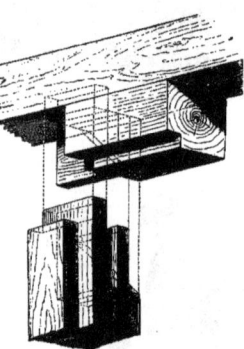

Fig. 37.

Souvent les volets sont décorés de peintures. Nous en donnons un spécimen figure 39. Ce motif donne aux maisons un aspect très-riche quand il y a une longue rangée de fenêtres.

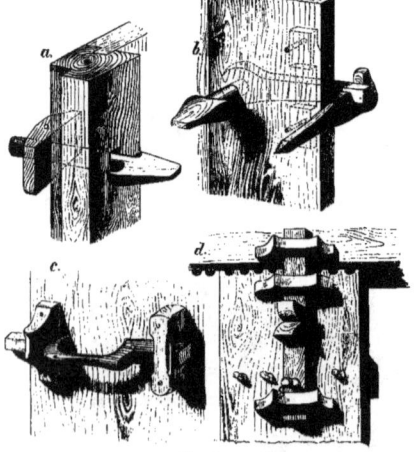

Fig. 38.
a. Loquet simple sans battant.
b. Loquet avec battant.
c. Verrou entrant dans le poteau.
d. Verrou perpendiculaire au haut d'une porte.

Fig. 39. Échelle de 0,05 p. m.

MAISON HUBER A MEIRINGEN

Canton de Berne

(Planches VII et VIII)

Cette maison, bâtie en 1785, offre un exemple simple et élégant du style des blockbau bernois de cette époque.

Le plan (pl. VII, fig. IV) est un carré parfait, incliné de 67° sur le méridien.

L'entrée, formant un espace clos sous la galerie latérale, conduit, à travers la cuisine, dans la chambre d'habitation et aux chambres à coucher.

On monte à l'étage par l'escalier qui est dans la cuisine, entre la cheminée et la cloison; là, un étroit couloir donne accès à deux chambres situées sur le pignon, d'égales dimensions, et à la chambre du fond.

Le comble, très-surbaissé, est peu utilisé : on y arrive par une simple échelle.

Le soubassement en pierre forme terre-plein sur la moitié postérieure de la maison ; la partie antérieure est en caves.

Les lieux sont dans un appentis en bois adossé à la face postérieure.

DESCRIPTION DE LA CONSTRUCTION.

Les parois des blockbau sont faites de poutres équarries en sapin commun ou sapin rouge, empilées les unes sur les autres et liées entre elles par des chevilles en bois dur de 0.15 de longueur et de 0.03 d'épaisseur, et qui alternent d'une assise à l'autre, comme les joints dans un appareil en pierre.

Le dessus des poutres est légèrement creusé vers le milieu. On y bourre de la mousse sèche pour calfater les joints.

Ces poutres sont taillées dans le cœur du bois; leur largeur dépend de l'épaisseur adoptée pour les murs; elle est ordinairement de 0.105 à 0.135; mais leur hauteur d'assise se règle sur la venue de l'arbre; elle est en moyenne de 0.20 (1).

Les poutres sont placées de champ, c'est-à-dire sur leur face étroite; elles sont de cette façon moins affaiblies par l'assemblage à mi bois qui les réunit aux angles, comme l'indique la figure III (pl. VIII).

Les bouts restent saillants, en manière de contre-forts, de 0.15 à 0.18. Les deux arêtes du contre-fort sont ornées de petites échancrures taillées en demi-cercle sur la face et en parabole sur le côté.

Cette saillie est suffisante pour assurer les assemblages; ceux-ci sont gardés contre la dislocation horizontale par des entailles de 0.15 de profondeur.

La solidité des constructions en empilage dépend des assemblages des angles, tant que les étages ne dépassent pas la hauteur habituelle de 2.25 et que la plus grande dimension des pièces n'excède pas 6.00. Les précautions plus grandes que nous avons remarquées dans les constructions précédentes seraient ici superflues.

Les joints d'une paroi se trouvant sur le milieu, ou à peu près, de la hauteur des poutres de l'autre paroi, il arrive que les sablières, les appuis de fenêtres et les linteaux sont un peu plus bas sur une face que sur l'autre; il en est de même pour les murs du soubassement.

(1) Les poutres étant équarries suivant la croissance naturelle de l'arbre conservent plus d'épaisseur au pied qu'à la tête; aussi couche-t-on les poutres de façon à faire porter le pied de l'une sur la tête de l'autre : les joints ne sont donc pas horizontaux. Les ornements taillés dans ces parois sont souvent coupés par les joints; mais ils sont faits avec tant de précision qu'on est admis à penser que les sculptures se faisaient après un montage provisoire. On peut voir comme exemple les détails de la frise (pl. VIII, fig. IV); ils sont découpés avec une grande pureté.

Ce procédé est encore employé en Suisse dans la construction des blockbau.

On monte la maison sur un chantier, on trace les ornements sur le parement; puis, les pièces démontées, on les façonne suivant le dessin qu'on y a tracé.

Les sablières basses, les poutres formant les appuis et les linteaux des fenêtres, les poutres de l'assise supérieure et les pannes sont de 0.03 à 0.06 plus fortes en épaisseur que les autres poutres.

Le mur de l'étage du côté du pignon est en saillie sur le rez-de-chaussée de 0.03, et le mur supérieur sur celui de l'étage de 0.037. Ces saillies sont rachetées par des arcatures en simple ou double rangée.

Sur les faces latérales les poutres sont toutes au même nu.

Les tassements qui résultent, dans les constructions en empilage, du dessèchement des bois se font uniformément et sans compromettre les assemblages, grâce à la précaution qu'on a de laisser du jeu aux tenons des montants des portes et des fenêtres, comme l'indique la figure VI (pl. VII)

Le plus souvent, le tassement cesse un an après l'achèvement de la construction. On calcule le jeu des tenons pour 2 à 3 p. 100 de tassement. Le joint est caché aux portes par l'emploi des tenons en enfourchement (1).

PLANCHERS ET PLAFONDS.—Les madriers du plafond inférieur ont 0.052 d'épaisseur, ceux du plafond supérieur 0.048. Ils sont joints à rainure et languettes, et engagés à rainure par leurs bouts dans la poutre d'enrayure, qui est, comme nous l'avons fait observer, plus forte que les autres. Dans le plancher de chaque chambre est un madrier en forme de trapèze qu'on enfonce comme un coin entre les autres madriers, à mesure qu'on veut serrer les joints. Le bout large de ce madrier est saillant sur le nu des poutres.

Le plafond inférieur est soutenu par un sommier dont le prolongement de part et d'autre porte les madriers des galeries extérieures.

Le plancher du rez-de-chaussée est soutenu par deux sous-poutres.

COMBLES. — Le toit a pour hauteur le cinquième de sa largeur; les chevrons s'assemblent à mi-bois et sont chevillés. Ils portent sur la panne, où ils sont arrêtés par une cheville entrée du dessous de la panne.

Les trois pannes supérieures sont portées aux bouts par les deux pignons, et vers le milieu par des poteaux posés sur la cloison transversale; leur saillie sur le pignon est épaulée par des consoles. Elles sont encore soulagées par des consoles intérieures au pignon qui réduisent un peu la portée. Celles-ci sont plus courtes.

Les consoles extérieures, quoique formées dans leur hauteur par plusieurs assises, se profilent suivant une courbe d'une seule venue, comme si elles étaient prises dans un même bloc de bois. Les arêtes sont chanfreinées et peintes en noir, ce qui permet de distinguer le profil de plus loin.

COUVERTURE DU TOIT. — Les chevrons portent un couchis de planches de 0.30 de largeur, écartées de 0.30, sur lesquelles sont placés les bardeaux.

Les bardeaux, de 0.60 de longueur, de 0.15 à 0.18 de largeur et de 0.03 d'épaisseur, sont placés les uns sur les autres à recouvrement. Ils sont lestés par des rangées de pierres écartées de 1.50 à 1.80.

On a soin de mettre les plus grosses pierres aux endroits qui donnent le plus de prise aux ouragans, c'est-à-dire au bas, au faîte et aux extrémités des pans de combles ou frontons.

Le glissement de ces pierres est empêché par des bois mi-plats de 0.15 d'épaisseur, chevillés dans les bardeaux.

Sur le pignon, les tasseaux sont un peu en saillie et portent à leur extrémité une cheville qui arrête les bardeaux (pl. VIII, fig. II)

GALERIES LATÉRALES.— Les galeries latérales, revêtues extérieurement de planches, forment une espèce de cloison entretoisée dont la sablière porte sur les bouts des poutres, des pignons et de la cloison transversale, et aussi sur le sommier intermédiaire dont nous avons parlé à propos des plafonds. La sablière haute forme panne pour le pied des chevrons. A ce point de vue, les liens sous la saillie des pannes représentent les décharges des systèmes à entretoises. A chaque poutre correspond un poteau engagé à tenon dans la sablière; tous les poteaux sont reliés entre eux par une entretoise d'appui qui est d'une seule pièce sur toute la longueur de la galerie.

(1) Les murs de pourtour de cette maison ont 0.12 d'épaisseur, les cloisons 0.104, et les contre-forts formés par les bouts saillants, 0.18.

PORTES, FENÊTRES ET VOLETS. — La porte d'entrée est en madriers de 0.06 d'épaisseur, engagés à rainure dans les barres d'encadrement.

Les volets des fenêtres à deux vantaux étaient fixés au linteau par des charnières, suivant l'usage de l'Oberland bernois, et se relevaient au moyen d'une tige qui se calait par le bas sur l'appui de la fenêtre. Ces volets n'existent plus.

La chambre d'habitation et les chambres à coucher sont garnies à l'intérieur de simples boiseries.

CHEMINÉE. — La cheminée, en forme de pyramide, est construite en madriers joints à rainure et languette. Ceux de la base sont engagés dans une sablière, formée de deux pièces assujeties comme les poutres en empilage (pl. VII, fig. V).

A la sortie du toit la face extérieure de la cheminée est garnie de bardeaux.

L'ouverture de la cheminée se ferme au moyen de deux planches courtes, aussi couvertes de bardeaux mobiles sur des charnières, qu'on relève en tirant une chaînette qui est attachée à un petit levier. Quand les volets sont ouverts, la cuisine reçoit par cette ouverture une assez grande quantité de lumière.

L'intérieur de la cheminée est disposé pour y fumer les viandes.

LES PANS DE BOIS

FERME A HÖNG. — LE MEIERHOF

Canton de Zurich (Planche IX).

L'aspect gracieux de cette maison, construite vers la fin du siècle dernier, et de celles qui sont reproduites planche X, provient de l'heureuse combinaison de tons dont elles sont revêtues.

Les bois se détachent en rouge, les volets en vert, sur le blanc moucheté de rouge des parties en remplissage, et le tout forme un ensemble vraiment souriant.

Le moucheté rouge se fait avec des petites pierres appliquées sur le mortier blanc des larges joints.

Les murs sont faits de cette même pierre rouge, qui est une roche erratique appelée dans le pays *rother Ackerstein* (pierre rouge des champs), la même qui, dans la région de Wallensee, du Sernft-Thale, et dans le canton de Glaris, est connue sous le nom de *sernftgestein*.

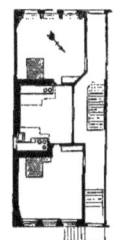

Fig. 40. Échelle de 0.0533 p. m.

Fig. 41.

La figure 40 montre le plan de cette maison.

Au corridor sont adossées la grange et l'étable avec les lieux d'aisances.

La cave, dont le plafond est fait de solives, est de trois marches en contre-bas du sol extérieur.

Du palier extérieur, six marches intérieures mènent au rez-de-chaussée.

La cuisine est placée entre les deux chambres d'habitation. Ces trois pièces, bordées par le couloir qui longe toute la profondeur de la maison, occupent tout le rez-de-chaussée.

A la cuisine du rez-de-chaussée correspond, au 1er étage, une antichambre qui dessert quatre chambres à coucher placées deux à deux de chaque côté.

La figure 41 donne la disposition de la charpente du toit.

La panne du milieu est entaillée à mi-bois dans les arbalétriers et dans les croix de saint André; elle assure ainsi l'équilibre longitudinal des fermes en même temps qu'elle porte les chevrons.

MAISON A SCHIRMENSÉE, PRÈS RAPPERSCHWYL

Canton de Zurich (Planche IX).

Cette maison, située près du lac de Zurich, a été construite, d'après l'inscription de la porte d'entrée, en 1673.

Le soubassement en pierre qui porte les pans de bois est très-élevé et forme deux étages de caves; les voûtes de la cave retombent sur les murs du pourtour, et à l'intérieur sur une pile. On arrive à cette cave par la porte qui est sous l'escalier extérieur. La porte de la cave solivée est sur le côté.

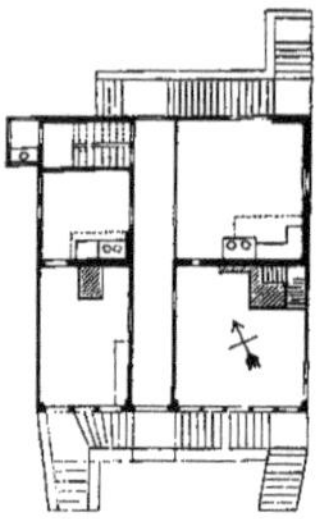

Les volets sont établis comme ceux du moulin de Mannenberg. Les cinq fenêtres du haut sont fermées par des treillages en bois pour l'aération du comble, qui sert de séchoir ou d'étendoir.

La figure 42 donne le plan du rez-de-chaussée. Le couloir sépare la maison en deux logements.

Le plafond de la grande chambre d'habitation au sud, décoré de caissons en bois, est profilé et ornementé avec une certaine richesse (*fig.* 43).

Le comble est formé de trois fermes entre les deux pignons.

Fig. 42. Échelle de 0.0033 p. m.   Fig. 43.

MAISON NAEGELI, A FLUNTERN

Canton de Zurich (Planche X).

Construite en 1726, dans la banlieue de Zurich, cette maison appartient plutôt aux constructions en pierre; mais elle offre dans son grand toit saillant relié aux pans de bois, dans ses goutterots du 1ᵉʳ étage, les dispositions les plus usitées dans les maisons à pans de bois. Elle emprunte, du reste, à cet arrangement et à la galerie à jour en encorbellement sur le côté, un aspect pittoresque et original.

La figure 44 donne la distribution du rez-de-chaussée.

La chambre d'habitation à l'angle sud est garnie d'une boiserie en noyer; le plafond est divisé en cinq panneaux par des lisses profilées avec goût. Celui du milieu est octogonal et porte, peintes à l'huile, les armoiries de la famille.

Dans les embrasures des fenêtres, à l'angle méridional, sont des banquettes dont le dessous est fermé et sert d'armoire. La galerie de l'étage supérieur, en encorbellement sur la cour, repose sur les poutres prolongées du plancher; elle se termine par un carré, cloisonné en planches de la hauteur de deux étages, qui contient les lieux d'aisances.

Le toit repose entre les deux pignons sur une ferme.

Fig. 44. Échelle de 0.0013 p. m.

La cheminée, visible sur la planche, est garnie sous le chapeau d'une rangée de consoles en briques qui supportaient autrefois le manteau formé de tuiles debout.

LA MAISON HÜNI, A HORGEN

Canton de Zurich (Planche X).

Construite en 1735, cette maison reproduit un type de pans de bois très-répandu à cette époque aux environs du lac de Zurich. Le pignon exposé aux grandes pluies et aux vents dominants est tout en moellons. Le pignon de devant offre dans sa partie supérieure un entre-croisement assez serré de pièces longues, assemblées à mi-bois. La pente du terrain au bord du lac était très-favorable à la construction de grandes caves ouvrant sur le pignon, comme celles de la maison qui nous occupe. Sur le côté, est un escalier en pierre protégé par la grande saillie du toit et qui conduit à la porte d'entrée du rez-de-chaussée, à près de quatre mètres en contre-haut des caves.

Chacun des trois étages, distribués uniformément, comme l'indique la figure 45 (plan du 2ᵉ étage), forme une habitation pour une famille.

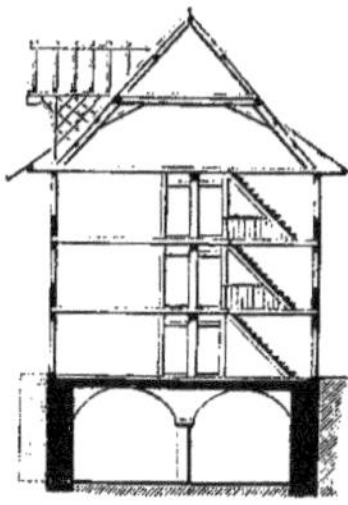

Dans la cloison, entre la chambre d'habitation au midi et la chambre à coucher, sont deux portes. L'une est une porte d'appartement ordinaire; l'autre est à jalousie à deux vantaux et s'ouvre directement sur le lit : elle a sans doute pour objet de laisser passer plus de lumière et de chaleur dans la chambre à coucher, et peut-être aussi de permettre à la personne qui est au lit de prendre part à tout ce qui se passe dans la chambre d'habitation.

Les six voûtes d'arête des caves qui règnent sous toute la surface de la maison s'appuient entre les murs sur deux piliers de 0,50 d'épaisseur.

Fig. 45. Échelle de 0.0033 p. m.

Fig. 46. Échelle de 0.0033 p. m.

Ces caves sont figurées en coupe (*fig.* 46), ainsi que les poutrages et la charpente du toit.

MAISON LANG, A WYTIKON — MAISON « AM RANK », A ENGE

Canton de Zurich (Planche XI).

Ces deux maisons offrent une expression caractéristique du type des constructions en bois usité il y a trois siècles aux environs de Zurich.

Le pignon exposé aux pluies est tout en maçonnerie.

Les autres murs de pourtour et les cloisons ont, aux angles et aux rencontres, des poteaux corniers de deux étages. Ces poteaux sont rainés et reçoivent les madriers qui sont également rainés entre eux.

Dans les cloisons entre chaque madrier est une entretoise rainée.

Les poteaux forment, avec les sablières et les traverses hautes, des panneaux à angle droit consolidés par des liens dont l'épaisseur est prise à l'extérieur des madriers. Il en est de même des traverses d'appui et des linteaux.

Les coyaux très-saillants du toit sur les murs gouttereaux portent, vers leur extrémité, sur une panne qui repose sur des poteaux inclinés, garnis de liens assemblés à queue d'aronde dans les poteaux et dans la panne. Ces assemblages, d'une exécution très-soignée, avec leurs chevilles à tête, donnent à la construction un caractère très-artistique.

Fig. 47. Échelle de 0.0033 p. m.

Le toit en tuiles, au faîtage arrondi, n'a entre les deux pignons qu'une seule ferme dont les poteaux sont entaillés en queue d'aronde par des liens passants.

Un grand comble de ce genre, de dix-sept mètres de portée, s'est conservé de l'année 1553 jusqu'à nous, au Tobelhof, commune de Neumünster, près Zurich.

Nous donnons (*fig.* 47) une coupe en travers de cette forme de construction si soignée et la coupe en long d'une travée.

Ici, l'entretoise du milieu est assemblée à tenons dans les poteaux montants, tandis que, dans le comble donné sur la planche XI, au lieu de cette entretoise, les poteaux et les liens sont traversés par un bout de madrier arrêté par des chevilles.

Les plafonds de la chambre d'habitation du rez-de-chaussée sont en madriers rainés, soutenus sur le milieu de la portée par un sommier.

Les madriers du plafond supérieur sont seuls engagés dans des linteaux rainés.

Fig. 48. Échelle de 0.0033 p. m.

Fig. 49. Échelle de 0.0033 p. m.

La maison dite « am Rank », à Enge, dans la banlieue de Zurich, a été construite en 1565. La figure 48 en donne le plan ; la figure 49 la coupe en travers ; sur la planche XI, est la vue perspective intérieure de la ferme.

Fig. 50. Échelle de 0.0066 p m.

La figure 50 représente la face nord de la maison, sans la toiture ; les fenêtres du haut sont garnies de volets battants dont les ferrures sont indiquées à la figure 51.

Les appuis des fenêtres sont entaillés à leurs bouts, de façon à recouvrir les poteaux d'une languette de 0.06.

La planche XI représente un arrachement de la face longue de l'étage supérieur de la maison Lang, construite en 1576, sur les mêmes principes que la précédente, à Wytikon, près Zurich.

Fig. 51.

VOLETS, A BIRMENSDORF

Canton de Zurich (Planches XII-XIII).

Ces peintures, restaurées en 1772, ont des qualités de composition qu'on ne rencontre pas souvent dans les productions de cette époque.

Par le dessin autant que par les tons, elles rappellent beaucoup le style roman. Ces peintures se faisaient d'après des patrons. Ces volets appartiennent, ainsi que six autres tous variés de sujet, à une maison qui se rapproche beaucoup par sa construction de celle qui est figurée planche XI.

LA VIEILLE AUBERGE, A BAAR

Canton de Zug (Planche XIV).

Bâtie en 1684, cette maison au comble élevé présente le cas, assez rare dans les constructions de ce genre, d'une galerie en encorbellement, couverte par le prolongement de la toiture.

Les poteaux de cette galerie sont entaillés à leur sommet en enfourchement. Dans cette entaille, est engagée une courte planche dont les bouts apparents, profilés en manière de console, garnissent et fortifient les angles.

L'entretoise d'appui est d'une seule pièce sur toute la longueur et mortaisée dans les poteaux.

Les auvents, qui protègent les fenêtres des pignons, ont la même construction que ceux figurés planche XXIII, avec cette différence que, dans ceux-ci, la poutre de bloc tient lieu de la sablière pour porter la panne.

Les volets se ferment les uns de haut en bas, comme dans le canton de Zurich, les autres de bas en haut, comme dans les cantons primitifs.

Fig. 52.

Le sommet du pignon est décoré sous l'avancée du toit par des agencements triangulaires de bois, assemblés en queue d'aronde (fig. 52). Nous en avons déjà vu plusieurs exemples dans les maisons que nous avons décrites. Ce motif, toujours varié et pittoresque, est typique dans les constructions en pans de bois de la Suisse.

LA MAISON DU SACRISTAIN, A MARBACH

Canton de Lucerne (Planche XV).

Dans cette maison, construite en 1809, les cloisons, en madriers superposés à rainures, ne sont pas contrebutées par des liens, à moins qu'on ne considère comme tels les consoles qui aident à porter les galeries.

Les poteaux sont arrêtés à chaque étage entre les sablières et le poitrail. Nous donnons, parmi les détails de la planche, la section d'un poteau d'angle et d'un poteau cornier, au droit d'une cloison et d'un poteau d'angle.

Les appuis de fenêtres sont formés d'une pièce continue, qui se profile en saillie sur le nu des madriers; elle est entaillée à mi-bois à la rencontre des poteaux, avec une entaille sur le côté pour laisser du jeu au tassement.

Les gros bois et le remplissage forment à l'extérieur un parement uni; les étages sont à l'aplomb les uns des autres. Les extrémités des sablières sont prolongées pour porter les galeries; elles sont partout soulagées par des liens, et, aux deux étages supérieurs, par des poteaux debout sur la panne de la galerie inférieure.

La panne basse de la petite croupe du pignon est également portée par la sablière de la galerie supérieure.

Les deux pannes intermédiaires sont soutenues par les poteaux des galeries, par les pignons et par la ferme sur le grand refend; la ferme est indiquée sur la coupe transversale.

Le plan, à l'échelle de 0.04 p. m., montre la distribution du rez-de-chaussée avec l'entrée à droite.

Les perspectives de la galerie latérale et de la galerie supérieure du pignon sont à une échelle dix fois plus grande et coupées sur les cloisons.

A côté de la vue extérieure de la maison, dans le fond à gauche, à l'arrière-plan, est représentée une maison de la commune d'Entlibuch, canton de Lucerne, dont les poteaux montent de fond, comme dans le canton de Zurich.

MAISON J. STETTER, A EGGIWYL

Canton de Berne (Planche XVI).

Construite en 1796, cette maison offre le même système de construction que les précédentes pour les cloisons, les galeries et les saillies des toits.

Mais, ici, les supports de ces saillies sont enveloppés en grande partie d'un revêtement de planches. La haute toiture en chaume repose sur des fermes à arbalétriers d'une construction très-simple (1).

La maison qui est dans le fond de la même planche est un dépôt à fromages de la contrée construit en 1794. La largeur du pignon est de 6.30.

CONSTRUCTIONS EN PANS DE BOIS MASSIF.

MAISONS D'HABITATION DANS LE CANTON DE SCHWYTZ

Planche XVII.

On peut juger, par les maisons reproduites sur cette planche et sur lesquelles nous revenons pour les comparer entre elles, de l'unité de style dans le blockhau du canton de Schwytz, autant sous le rapport des distributions que sous celui des façades.

La charpente et la couverture sont semblables à celles données sur la planche VII; mais ici, au lieu de planches, ce sont des lattes de bois mi-plat qui forment la couverture, et les lattes supérieures, qui portent les pierres de lest, sont attachées aux lattes antérieures par des bois en forme d'S.

(1) La façade du pignon a 9.24 de longueur, les galeries ont partout 1.00 de saillie, le toit a une avancée de 2.10, l'arc en haut du pignon a 1.65 de saillie et 6.84 de longueur. Les poteaux d'angle mesurent 0.30 sur 0.60.

LES PANS DE BOIS MASSIF.

La construction des plafonds et des planchers est semblable à celle reproduite sur les planches VII et VIII.

Les escaliers à un bras ont des marches massives. Les avancées des toits ont été démolies dans la plupart de ces maisons.

On rencontre, dans les parois, qui ne sont pas reliées par des refends à la distance convenable pour la solidité, des espèces de contre-forts intérieurs et extérieurs, formés de bouts de poutres assemblés avec les parois, comme le serait une vraie cloison ; on en voit un exemple aux pignons postérieurs de la maison d'Altmatt et de celle de Steinen.

Les bouts des poutres des cloisons ne sont pas tous apparents à l'extérieur, il y en a dont les bouts sont arrêtés en queue d'aronde dans l'épaisseur de la paroi entaillée.

La cheminée unique, qui dessert le poêle de la chambre d'habitation et le foyer de la cuisine, est maçonnée en briques. Le chapeau est voûté ; les reins de cette petite voûte sont maintenus par des ancres.

Souvent aussi la fumée passe par la cuisine, ouverte jusque sous le toit, et s'échappe au dehors par des petites lucarnes.

LE HAASEHOFLI, PRÈS STEINEN (COUR DES LIÈVRES)

Canton de Schwytz (Planche XVIII).

La façade sud-est de cette vieille maison, de bois massif, emprunte aux couleurs dont elle est revêtue un effet des plus animés.

Le brun rouge sombre des parois, le gris d'argent des bardeaux et l'enduit blanc des murs se marient heureusement avec le vert de la vigne et du paysage qui l'entoure.

Le plan est figuré à la planche XIX, fig. III.

Dans les dépendances sont les étables pour les vaches et pour les chèvres, ainsi que les greniers à fourrages.

LE PRESBYTÈRE A STEINEN

Canton de Schwytz (Planche XIX).

Ce presbytère a été bâti en 1653, par les communes formant la paroisse de Steinen.

Dans cette construction, du genre blockhaus, le toit est élevé et couvert en tuiles.

Le toit plat à bardeaux fut abandonné pour les constructions publiques à partir de l'introduction des fours à briques dans le pays.

Les chevrons forment un angle très-peu sensible sur le rampant du toit ; ils reposent sur un exhaussement des murs latéraux de 0.78 au-dessus du plancher des combles.

Cette disposition, continuée avec les coyaux, permet de donner à la galerie une hauteur convenable.

Les constructions plus récentes sont indiquées sur le plan (pl. XIX, fig. II) par de simples hachures.

Sur le pignon antérieur est une mansarde qui occupe la moitié de la profondeur de la maison et dont les cloisons latérales portent, sur cette profondeur, les pannes intermédiaires ; celles-ci portent de ce point jusqu'au pignon opposé, sans point d'appui.

Le pignon de derrière, de 8.40 de largeur, est relié sur les deux côtés de la cheminée qui y est adossée par des poutres en croix sur la paroi et en saillie de 0.15 à l'extérieur et de 0.45 à l'intérieur.

Les planches du corridor, placées dans la longueur, sont portées par neuf poutres dont deux sont formées par le prolongement des poutres des cloisons.

Les sablières formant seuil des portes ont 0.09 de hauteur au-dessus des planchers et relient les cloisons.

Les volets se ferment de bas en haut.

La chambre d'habitation est revêtue tout entière de boiseries avec une corniche très-riche.

Les montants en chêne des portes sont sculptés ; ils forment des panneaux de fleurs et de fruits (1).

---

(1) Les étages ont : le rez-de-chaussée, 2.25 de hauteur ; le premier étage, 2.20, et les combles, 2.31.
Les parois du pourtour ont 0.135 d'épaisseur; les cloisons, 0.132; les contre-forts, 0.15. Les pannes ont 0.15 sur 0.30; les sablières basses, 0.165 sur 0.30 ; les chevrons en avant du pignon, 0.135 sur 0.18 ; dans le comble, 0.135 sur 0.15 d'équarrissage.

REMISES A FOURRAGES ET ÉCURIES A FLUELEN

Canton d'Uri (Planche XX).

La figure I de cette planche donne la façade ; la figure II, la coupe en travers ; la figure III, la moitié de la coupe en long ; la figure IV, le plan du pignon d'une remise à fourrage avec étables, comme on en trouve beaucoup dans la vallée de la Reuss, entre Flüelen et Altdorf.

La charpente de cette construction plusieurs fois séculaire s'est bien conservée, et cela tient en partie à la bonne aëration de toutes les parties abritées par le toit.

Les poutres sont superposées à intervalles de 0.06 pour le passage de l'air.

A partir d'une certaine hauteur, elles sont calées à un mètre d'intervalle pour mieux supporter le poids de la toiture.

Le fourrage est préservé de l'humidité et des émanations de l'étable par un poutrage de goujons de 0.12 d'épaisseur, reposant sur six forts sommiers.

Ces sommiers sont emboîtés à entailles dans les sablières des pignons. Ceux-ci sont reliés entre eux, sous le toit, par cinq pannes libres sur toute la portée.

Les quatre parois de ce grand grenier sont consolidées de distance en distance par de fortes enclavures, suivant la fig. VII ; leur stabilité est encore assurée par le poids considérable de la toiture. La couverture est la même que celle du canton de Schwytz.

La figure VI montre la construction des volets du haut, dont les montants étaient à tenons pivotants. On a évité dans ces volets l'emploi du fer.

Dans l'égout du toit, sous lequel passe une gouttière en bois, on a aussi évité l'emploi du fer ; les supports et les clous sont tous en bois.

Les figures X et XI appartiennent à une autre remise à fourrage de Flüelen.

Ici les parois sont formées, jusqu'à la base du toit, de montants rainés et contre-buttés par des liens et des lisses engagées dans les rainures.

Le haut du pignon est bâti en poutres avec des renforts, comme dans la figure VII.

MAISON SUR LA ROUTE DU SAINT-GOTHARD

Canton d'Uri (Planche XXI).

Cette planche montre, à gauche, une maison de Wasen ; au milieu, une maison de Silenen, et à droite une chapelle de Wyler. La première fut bâtie en 1822, par un charpentier suisse, dans le style que nous avons exposé planches VII et VIII.

Elle ne s'en distingue que par son toit élevé, couvert de bardeaux très-légers.

Elle se trouve là comme une étrangère élégante et parée, au milieu des constructions de cette contrée, où domine le blockbau avec toute sa sévérité d'aspect, et dont la maison du milieu est un exemple caractéristique.

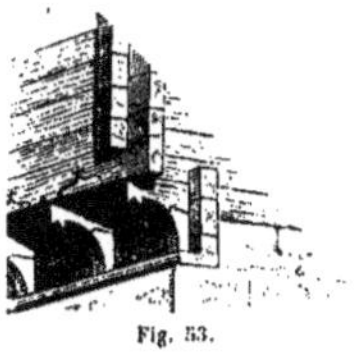

Elle se rapproche par le style des constructions du canton de Schwytz (planche XIX), et date de la fin du siècle dernier.

Les solives de la cave (*fig. 53*) ont les têtes saillantes de 0.45 sur la sablière du pignon.

Elles sont soulagées par des petites consoles engagées à tenons, et portent en saillie sur le soubassement de la paroi antérieure(1).

Fig. 53.

---

(1) Le pignon de la maison du milieu a, sans les contreforts, une longueur de 10.20, une épaisseur de 0.135. Les contreforts ont 0.18 de saillie.

Le petit porche de la chapelle est à 3.30 en avant du mur ; les poteaux d'angle ont 0.225 sur 0.24 d'équarrissage et sont écartés de 3.75.

Le fronton de l'avancée du toit est à 1.62 des poteaux.

LA MAISON HAUTE A WOLFENSCHIESSEN

Canton d'Unterwalden (Planches XXII et XXIII).

Cette maison est située sur une hauteur, à une faible distance du confluent du Sacklisbach et de l'Aa.
Elle fut bâtie en 1586 par le chevalier Melchior Lussi.
La planche XXII représente la face sud-est (1).
Celui-ci fut ambassadeur des cantons suisses à Venise, alors en république, et plus tard à la cour de François Ier.
Il fut estimé pour son honnêteté et se distingua surtout par une grande piété.
Il fit disposer dans le comble de la maison un grand oratoire pour l'usage des familles du voisinage.
Cet oratoire était voûté en bois et surmonté, sur le toit, d'une petite flèche contenant une cloche.
Ce programme explique les fenêtres du pignon et la hauteur du toit, couvert en bardeaux, qui fait contraste au milieu des toits plats et lestés de pierres des maisons environnantes.
Quant aux plans des deux étages, pl. XXIII (fig. I et II), ils offrent les distributions ordinaires du pays.
La maison a été en grande partie conservée dans son état primitif.
A l'extérieur comme à l'intérieur, les bois ont le ton naturel (2).
Dans la chambre d'habitation on peut encore remarquer d'intéressantes figures de saints sculptés, et parmi eux la figure de l'ermite Conrad Scheuber.
Les parois de la maison sont dans le même plan vertical, c'est-à-dire que les étages ne font pas ressaut l'un sur l'autre.
Les parois ne sont renforcées qu'à la hauteur des sablières basses, qui saillissent un peu à l'intérieur, et à la hauteur des appuis de fenêtres du rez-de-chaussée, dont la traverse est ornée d'une frise en dés (3).
Les pannes, saillantes sur le pignon, sont supportées par des rangées de poutres en travers des parois, se profilant à partir d'une certaine hauteur en forme de consoles, dans le goût des maisons des cantons primitifs.
Suivant la coupe en long (fig. V), ces supports ne sont coupés qu'en partie à l'extérieur; on en laisse une quantité suffisante pour pouvoir se passer d'autres contre-forts.
La figure VIII montre la construction des avant-toits du pignon :
Celui du haut est fixé aux parois par des potelets boulonnés aux poutres; celui du bas repose sur le prolongement des poutres des murs et des cloisons.
La saillie de ces avant-toits augmente d'étage en étage; chacun des bois est ainsi abrité contre l'eau qui tombe des toits placés en dessus.
La fig. IX représente la galerie de la face ouest, en deux entretoises, avec revêtement de planches et dont les angles extérieurs sont consolidés par deux contre-fiches.
La fig. VII représente les marches massives de l'escalier.
Il y a des caves sous toute la maison, excepté sous la cuisine.
Le plafond en bois de l'oratoire, voûté en forme d'arc surbaissé polygonal, se compose de bâtis et de panneaux fixés à des nervures cintrées. Cette forme de plafond a pu être employée sans inconvénient, grâce aux quatre cloisons de refend qui forment contre-buttée à la poussée horizontale du plafond. La naissance du plafond, qui est de 0.15 en saillie sur les faces

---

(1) On lit, gravée sur la porte de la chambre d'habitation, l'inscription suivante (en vieil allemand) :
Cette maison a été bâtie en l'an de grâce 1586, année où le grain valait seize gulden le müe (32 francs les 200 livres). Ce prix, on le paya en ladite année.
Que Dieu protège et rende heureux le maître pieux qui habite cette maison!

(2) L'installation des volets date de l'un des propriétaires, J. C. Christen, ainsi que le poêle en faïence de couleur de la chambre d'habitation (1733).
Le buffet est sculpté et incrusté de marqueterie (1734). Le plafond, en érable, est appliqué sur l'ancien; le secrétaire de la chambre à coucher renferme des compartiments secrets d'une construction très-curieuse. C'est aussi vers cette époque que la cuisine fut agrandie par une construction en pierres.

(3) La sablière, en chêne, du pignon a 0.174 sur 0.30. Les sablières des gouttereaux, à 0.18 en contre-haut de celles du pignon, ont 0.153 sur 0.27 d'épaisseur.
La façade du pignon a 0.132 d'épaisseur; les côtés ont 0.135. Les bouts saillants ont 0.168 de queue. Les parois s'assemblent au moyen d'entailles de 0.03 de profondeur.

verticales, est accusée par une corniche profilée en console ; cette corniche forme en même temps couronnement aux lambris des parois verticales. Une corniche, profilée en manière de console, sépare les faces longues lambrissées du plafond, dont la naissance est à 0.18 du nu des parois.

Cette salle est soigneusement dallée en petits carreaux verts de terre cuite vernissée.

La figure VI montre la construction de la petite flèche. On rencontre très-souvent en Suisse, dans les constructions des églises et des chapelles, de ces flèches hexagonales ou octogonales élevées sur une souche de plan carré. Le poinçon est ici arrêté dans l'enrayure haute au moyen d'une forte clavette en chêne.

Il n'y a d'autre cheminée dans la maison que celle de la chambre d'habitation (*fig.* II) ; elle se dévoie (*fig.* III) contre la face de l'oratoire.

La fumée du foyer de la cuisine et du fourneau à côté passe (*fig.* II et III) à travers les percées des planchers, sous une partie du dallage et contre la cloison de l'oratoire, et s'échappe au dehors par de petites ouvertures pratiquées dans le toit.

La chambre à coucher du rez-de-chaussée (*fig.* I) pouvait recevoir la chaleur de la chambre d'habitation, par un châssis à coulisse (un guichet) pratiqué dans la cloison, près du poêle, et qui permettait aussi d'entendre ce qui se passait dans cette chambre.

MAISON DITE HOCHSTEIG, PRÈS WATTWYL

Canton de Saint-Gall (Planches XXIV et XXV).

Ce blockhaus est sur une hauteur près de Watwyl, de l'autre côté de la Thur. Au loin, la vue s'étend sur les sept pics des *Churfirsten*.

Bâtie, il y a environ deux cents ans, par une riche veuve, F. S. Hartmaneni (1), cette maison porte une jolie tourelle en encorbellement sur un des angles, suivant un usage assez répandu dans le pays de Toggenburg.

Mais elle est surtout remarquable par la porte d'entrée et par les volets de l'étage au-dessus du soubassement, qui sont décorés de très-riches ornements.

La planche XXV représente cette porte avec son encadrement en grès couvert de sculptures, qui rappellent les sculptures sur bois.

Sur le meneau en forme de gaine sont les armes et le chiffre de la fondatrice.

Sur la planche *frontispice*, qui précède les planches, nous avons figuré une des fenêtres de l'axe du pignon ; nous n'en reproduisons que la moitié, car elle est géminée. Le volet qui se rabat derrière l'appui est relevé dans la figure et cache la fenêtre.

On peut voir d'après les coupes de la porte que les moulures sculptées qui la décorent sont seulement rapportées et collées sur l'épaisseur du vantail.

Les deux traverses sont seules emboîtées. La plupart des ornements des volets et des appuis sont de même simplement collés et cloués avec des chevilles en bois.

La porte et les volets sont en sapin ordinaire ; leur longue durée prouve combien les menuisiers d'alors étaient habiles à se servir de la colle.

Le toit fait un angle légèrement obtus. Il est, comme les avant-toits et la tourelle, couvert de bardeaux.

Quant à la distribution, elle est très-simple. Le corridor divise la maison en deux parties se composant de trois pièces, celle du milieu servant de cuisine. L'escalier, droit, est pris dans la largeur du couloir.

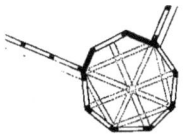

Fig. 54. Échelle de 0,01 p. m.

La figure 54 donne le plan de la tourelle, qui forme un petit cabinet fermé à l'angle de la chambre d'habitation.

Les caves sont, à l'exception de celle de l'angle sud-est, couvertes en voûtes d'arêtes elliptiques en moellons (2).

A la hauteur des appuis de fenêtres et à celle de l'entrait du pignon qui porte le plancher, les poutres se profilent en manière de corniche avec une saillie de 0.15.

(1) On lit sur un buffet richement sculpté la date de 1677, avec le chiffre de la fondatrice.
(2) La longueur du pignon, sans les saillies, est de 15ᵐ ; la profondeur de la maison est de 16.08.
La chambre d'habitation avec la tourelle a 6.48 de largeur ; l'autre chambre, 5.76. Elles ont toutes deux 5.90 de profondeur ; le corridor entre ces chambres a 2.28 de largeur. Les murs ont 0.12 d'épaisseur. Les voûtes ont, sous clef, 2.70 ; les étages, 2.30 entre plancher et plafond.

Les sablières basses, de 0.15 à 0.18 d'épaisseur et de 0.24 à 0.45 de hauteur, supportent, par leur prolongement, le poutrage de la tourelle qui est ponctué sur la figure 54. Les pans de bois de la tourelle sont hourdés en briques.

Le plancher du milieu et le poutrage, à la naissance de la flèche, sont portés d'une façon analogue par les poutres prolongées de la paroi.

Les panneaux des portes intérieures, garnis de belles ferrures blanchies, sont incrustés de bois de différents tons formant des mosaïques.

Au premier étage des combles, sur le pignon, est une salle de 9.90 de longueur et de 6.00 de largeur, éclairée, comme on peut le voir sur la planche XXIV, par dix fenêtres, et dont les parois sont accusées au dehors par les extrémités des poutres.

La face des pignons, de 9.90 de largeur, est consolidée par deux éperons intermédiaires, formés d'ais courts correspondant aux cloisons du couloir, lesquelles sont aussi saillantes à l'extérieur.

Les éperons ressautent à l'intérieur de 0.27; ils sont emboîtés dans un poteau rainé qui est lui-même assemblé haut et bas dans les poutres qui portent les madriers.

Les madriers, de 0.06 d'épaisseur, du plafond de cette salle sont soutenus par les deux sommiers correspondant aux éperons. Ces deux sommiers parallèles se croisent à mi-bois avec une poutre transversale divisant le plafond en deux parties égales.

Les quatre pannes intermédiaires du comble, de 0.126 sur 0.255 d'équarrissage, filent d'une pièce, de l'avant à l'arrière; elles portent, de part et d'autre, sur les parois latérales des salles du comble.

Entre ces deux salles est le grenier, qui n'est pas fermé par des cloisons; elles franchissent sans autre point d'appui cette portée, qui est de 6 mètres.

Les pannes sont rainées et portent les planchers.

La panne faîtière, de 0.195 sur 0.15 d'équarrissage, est soulagée par deux poteaux qui posent sur ces deux cloisons de refend.

Fig. 55.
Echelle de 0.04 p. m.

Les pieds des chevrons, de 0.165 sur 0.15, écartés de 1.20 de milieu en milieu, s'assemblent à tenon dans la panne basse, qui porte en même temps le plancher des combles.

Les plafonds des deux salles du pignon sont soutenus par deux sous-poutres.

Les planchers des couloirs sont en outre soutenus par les poutres passantes des cloisons transversales.

Les parois sont garnies au passage des cheminées par des briques de champ, formant contre-mur, de 0.075 d'épaisseur.

LE VIEUX PRESBYTÈRE CATHOLIQUE A PETERZELL

Canton de Saint-Gall (Planche XXVI).

Cette planche comprend une vue perspective, un arrachement de la coupe en long et le plan du rez-de-chaussée sur le soubassement.

On trouve sur les murs, à l'intérieur des caves, la date de 1622; mais la construction en bois ne remonte pas au delà de 1716. Cette date est sur la clef de la porte d'entrée.

Ce plan se distingue des distributions ordinaires aux maisons suisses par les proportions inusitées du vestibule, qui contient l'escalier conduisant aux étages supérieurs et deux autres sorties.

Dans l'angle de la chambre d'habitation est un escalier dérobé qui mène à l'appartement au-dessus.

Dans les combles, sur la face antérieure, est une pièce éclairée par quatre fenêtres, qui a la même profondeur que celles au-dessous.

Les cloisons de cette chambre sont en pans de bois.

Les poteaux d'angles de ces cloisons sont très-larges et ressautent à l'extérieur; ils sont entaillés sur leur épaisseur, pour recevoir les bouts des poutres de la face.

On ne pouvait pas ici soutenir les bouts des pannes, comme dans le *blockbau* ordinaire, par des consoles formées de poutres superposées. On dut employer les liens, comme dans les pans de bois.

Les deux pannes supérieures, au-dessous de la panne faîtière, ont une fonction purement décorative; elles n'ont pas plus de saillie à l'intérieur qu'à l'extérieur. Elles sont également chargées sur les deux faces.

La panne faîtière et les deux pannes intermédiaires portent à leurs extrémités sur les pignons, et, entre ces deux points extrêmes, sur les cloisons de la chambre du comble; elles supportent seules le toit, qui est couvert en bardeaux, et dont l'angle de faîtage est légèrement aigu.

Les volets, devant les fenêtres, se glissent aussi derrière les appuis fixes des fenêtres et se ferment de bas en haut. Les allèges sont décorées de peintures.

Un support de lampe est fixé à la façade, du côté de Saint-Gall et d'Appenzell.

La fumée du poêle de la chambre d'habitation monte par un tuyau, sous le plafond de la cuisine, dans une cheminée située au-dessus du foyer. Il n'y a pas d'autre cheminée dans la maison.

LA MAISON DE J. VÖGELI ET DE J. KUNDERT A RÜTI

Canton de Glaris (Planche XXVII).

Cette maison date de 1742; elle est divisée, par un mur de refend, en deux habitations parfaitement semblables dont les dispositions sont données fig. II.

La galerie est en saillie sur le pignon postérieur. Il est rare de trouver dans les campagnes des maisons à trois étages en bois, avec soubassements en pierres; mais dans le canton de Glaris, où la population industrielle est nombreuse et resserrée dans d'étroites vallées, cette disposition est plus fréquente.

La maçonnerie du soubassement est en pierres de la contrée (Sernftgestein), d'un rouge foncé, qui se débitent par lits et en gros blocs.

Les quatre faces sont en retraite de 0.045, sur les étages supérieurs, dans la hauteur, entre le soubassement et les appuis des fenêtres inférieures.

Cette saillie est rachetée par une frise de deux rangées de dés.

A partir de cette hauteur, les parois restent dans le même plan.

Les appuis des fenêtres dessinent un cordon saillant sur tout le pourtour; cette saillie est prise dans l'épaisseur plus grande de la poutre.

Les saillies et les pannes de pied ont de même une plus grande épaisseur que les autres poutres, mais la saillie est très-large.

Les pannes, les frises en dés, les appuis et les volets, dont les uns sont coulissés horizontalement et les autres verticalement, sont décorés de peintures. Les autres parties de la maison n'ont aucune décoration.

Comme nous l'avons vu pour d'autres maisons, il y a, dans chaque plancher, un madrier de forme trapézoïde qu'on enfonce plus ou moins, suivant qu'on veut serrer les joints. L'extrémité de ce madrier passe à travers les poutres mortaisées et paraît au dehors.

Les planchers sont portés par des poutres rainées et soutenus à chaque étage par un sommier qui est indiqué en pointué sur la figure II.

La grande avancée du toit, qui est couverte comme celle de la maison figurée sur la planche VII, rend inutile les auvents au-dessus des fenêtres.

Les pannes sont soutenues à leur extrémité, jusqu'à moitié de leur saillie, par les bouts de plusieurs assises de poutres taillées en consoles (1).

---

(1) Les murs en bois ont 0.12 d'épaisseur; les éperons sont à 0.15 en saillie.
Les sablières ont 0.33 sur 0.18; les pannes ont 0.27 sur 0.18; les madriers ont 0.45 d'épaisseur.

MAISON DE GASPARD SCHILD A MEIRINGEN

Canton de Berne (Planche XXVIII).

Un mur de refend divise cette maison en deux habitations, dont l'une, la plus grande, avec six fenêtres sur le pignon antérieur, se rapproche assez par la distribution de celle que nous avons reproduite planche XVII, et qu'on appelle *im Hasli*.
Un escalier droit, abrité par la galerie, conduit aux logements supérieurs.
La maison est de 1615. Cette date est gravée dans le couronnement de l'étage supérieur, à côté du mur séparatif des deux habitations, au bout de l'inscription.
Cette inscription est en allemand, gravée dans le bois en lettres romaines bisautées.
Au-dessus des fenêtres du rez-de-chaussée, est une inscription en lettres gothiques, avec la date de 1754.
Cette date se rapporte au revêtement en planches en feuillures des poutres de cet étage, plus exposé à la pluie. Cela se reconnaît clairement à l'angle de la maison, dont les contre-forts sont restés nus et dont les profils sont les mêmes que ceux du haut.
A la même date, les fenêtres du rez-de-chaussée furent agrandies, et les anciens poteaux, ou meneaux chanfreinés, furent remplacés par d'autres, semblables à ceux de la planche VII.
Si nous comparons cette construction du XVIIe siècle avec celle de la fin du XVIIIe, reproduite planche VII, nous trouvons, comme caractère distinctif, dans la maison du XVIIe siècle, que :
1° Les saillies des étages en surplomb sur le pignon portent sur les consoles, entrées en queue d'aronde de haut en bas dans les poutres rainées, formant enrayures des planchers ;
2° La large poutre sur les consoles est chanfreinée et, dans les intervalles de ces consoles, ne porte pas d'arcature découpée ;
3° Les jambages des fenêtres et les linteaux sont aussi chanfreinés ;
4° Les appuis saillants des fenêtres sont décorés par des frises de denticules ;
5° Les bouts saillants des pannes sont, comme les bouts des poutres, en encorbellement les uns sur les autres, taillés en manière de consoles, suivant le même profil.
Voici maintenant les principaux points de ressemblance :
1° Renforcement de toutes les sablières, des poutres des planchers et des pannes ;
2° Aplomb des étages sur les murs gouttereaux ;
3° Couverture et installation des cheminées semblables (1).

MAGASIN A FROMAGES ET MAISON MICHEL, A BÖNIGEN

Canton de Berne (Planches XXIX et XXX).

Les petites remises, destinées aux produits de la ferme et aux provisions des bestiaux, le plus souvent calculées pour deux familles, représentent toujours l'expression la plus simple et la plus caractéristique de la construction locale.
On isolait ces remises autant que possible, à cause des risques d'incendie, et on les disposait de manière qu'on pût les surveiller facilement depuis la maison.
Souvent aussi, elles communiquent avec la maison par une passerelle couverte à la hauteur de la galerie supérieure de la face latérale de la maison, comme dans le district d'Obwalden.

---

(1) L'habitation de devant a sur le pignon une longueur de 9.10 sans les éperons, et une profondeur de 12 mètres.
La chambre commune sur l'angle a 5.60 de largeur sur 5.70 de profondeur.
La chambre à coucher, à côté, a 3.12 de largeur sur le pignon, et la même profondeur que la chambre commune.
Le corridor a 1.50 de largeur; la galerie, 1.35.
Les parois ont 0.12; les sablières et les poutres des planchers, 0.15 d'épaisseur.

Pour les garantir contre l'humidité et les animaux rongeurs, on les isole du sol par des poteaux courts, posés sur plusieurs rangées de sablières formant une espèce de racinal.

La porte d'entrée de ces magasins est ordinairement dans le pignon nord. Un escalier mobile conduit au palier en planches en saillie sur la porte. Comme construction, ce spécimen se rapproche beaucoup de la maison décrite sur la planche précédente.

La fig. V (pl. XXIX) représente une des consoles à tenon qui portent la sablière de la partie en saillie du pignon. Cet assemblage est d'autant plus solide que les consoles ont le fil perpendiculaire à celui de la sablière.

Les planches en coins des deux planchers inférieurs et du plafond, incliné sous le toit, saillissent ici sur la face latérale, qui est d'aplomb sur toute la hauteur.

La planche XXX donne la vue perspective de ce grenier, ainsi que la maison Michel à Bönigen, construite en 1740. Nous avons réuni ces deux constructions pour faire voir combien ces greniers conservent les caractères de construction et de décoration des maisons d'habitation.

GRENIER A BRIENZ

Canton de Berne (Planche XXXI).

Le grenier dont nous donnons ici les faces, le plan et la coupe, et qui date de 1602, est une des rares constructions de cette époque qui se soient conservées à Brienz, où plus tard le bois fut employé avec une grande richesse.

La partie inférieure de ce grenier sert aux provisions de foin; la partie du milieu contient les fromages; le comble est réservé aux fruits et à la viande. L'air toujours rafraîchi des bords du lac y entretient une température favorable à la conservation de ces produits.

C'est pour cela, aussi, qu'ici les bardeaux ne sont pas posés sur des planches jointives, mais sur un lattis, comme dans les cantons primitifs.

GRENIERS A LANGNAU

Canton de Berne (Planche XXXII).

Les figures I, IV, V, de cette planche représentent un grenier situé dans un endroit qu'on appelle Moos; cette construction date de 1738.

Les fig. II, III, VI, appartiennent à un grenier de Langnau, qui date de 1759.

Les fig. VII, VIII, sont des détails de galeries de Barau et de Langnan.

On remarque surtout dans les détails de cette planche (fig. IV, VI et VII) l'arrangement particulier de la devanture des galeries, dont les poteaux et les membrures sont ici reliés dans la partie supérieure par un lambrissage de coupe en cintre.

Dans les fig. I et IV, les poteaux sont masqués au dehors par une planche de sapin.

Cette forme cintrée donne à la construction un aspect qui ne paraît pas en harmonie avec les propriétés du bois, et cependant, il faut le reconnaître, au milieu de cette nature qui les entoure, l'effet pittoresque de ces constructions est saisissant, surtout à une certaine distance.

Dans les deux greniers, fig. I et II, les madriers de 0.045 d'épaisseur, qui portent les bardeaux, reposent directement sur la panne faîtière, sur les deux pannes intermédiaires et sur la panne du bas, qui ont des parties de 5.10 à 5.70 (1).

---

(1) Le plancher de la galerie latérale (fig. 1) est de 0.45 plus bas que celui de la galerie du devant.

Le plancher inférieur est formé de solives rainées de 0.12 d'équarrissage. Les galeries font le tour du grenier, qui a 4.68 de largeur de pignon et 6.81 avec les galeries latérales. La galerie du devant a 1.37 ; celle de derrière 1.11 de largeur. La profondeur du grenier avec ces deux galeries est de 8.01.

Le grenier (fig. 11) a sur le pignon 4.89, et avec les galeries latérales 7.20 de largeur. Sa profondeur est de 8.94, y compris la galerie de devant de 1.74, et celle de derrière de 1.14 de largeur.

CONSTRUCTION DES GALERIES ET DES AVANT-TOITS.

Canton de Berne (Planche XXXIII).

La figure I donne les détails d'une galerie et d'un avant-toit d'une maison en empilage, à Matten près Interlaken, de l'année 1799. Cette maison reproduit le type décrit sur la planche VII, mais avec la galerie en plus. La figure II représente le porche ou portique couvert d'une maison d'Unterseen, près Interlaken, qui date du commencement du XVIIe siècle.

Il y avait primitivement plusieurs de ces maisons à côté l'une de l'autre, formant sur tout le développement de leur façade un portique couvert de 2.70 de largeur.

Les poteaux montent de fond ; les cloisons sont de madriers engagés à rainure dans les poteaux ; les fermes sont formées de poteaux verticaux. Les solives du comble ne se prolongent pas au delà du porche.

Les poteaux teintés qu'on remarque au premier plan de cette figure appartiennent à une galerie latérale d'une maison des environs de Meiringen, de l'année 1605. Ils ont à la tête 0.21 sur 0.27, au milieu 0.15 sur 0,21 d'équarrissage.

La figure III montre l'application des galeries et des auvents au système de parois formées de montants et de madriers engagés de champ. Cet exemple appartient à une maison de Langnau, du siècle dernier.

Ce comble n'a d'arbalétrier que dans l'avancée du toit.

Le chevronage à l'aplomb de la galerie et celui du pignon sont soutenus par des poteaux droits, qui servent en même temps pour les galeries. La partie supérieure de ce comble, qui sert de grenier, est ouverte pour l'aération.

La figure IV offre une variante du système précédent ; elle est empruntée à une maison près d'Eggiwyl.

SAANEN

Canton de Berne (Planche XXXIV).

Les maisons que nous mettons ici sous les yeux du lecteur et que nous avons dessinées à Saanen, canton de Berne, tiennent à la fois du système à cloison en madriers à l'étage inférieur et du système par empilage au-dessus.

Les sablières basses, les montants des parois et des cloisons et les membrures portant les planchers sont dans le même nu. En saillie sur le mur, sont les appuis des fenêtres, continus et profilés sur toute la longueur du pignon, les madriers des allèges des fenêtres, de 0.054 en retraite sur les appuis, et au même nu sont les poteaux et les linteaux des croisées.

Les poteaux des fenêtres adossés aux montants sont engagés à rainure dans les montants.

Quant au système d'empilage de cette première maison, qui est la plus riche et qui porte sous son faîtage la date de 1661, il nous paraît se rapprocher beaucoup du système de la maison pl. VII.

La seconde de ces maisons est plus ancienne de cinquante ans et concorde assez bien, comme principes de construction, avec celle du XVIIe siècle, reproduite planche XXVIII.

Les parois massives des goutterots du deuxième étage sont au nu des poteaux du premier étage.

Quant au plan de ces deux maisons, il suffira de dire, pour faire comprendre la distribution, que la porte, placée sur le milieu de la face ou sur la face latérale, donne accès à la cuisine et aux pièces du fond par un étroit couloir.

Dans la première de ces maisons, les abouts des poutres du premier étage sont épaulés par des consoles de 0.09 de largeur, assemblées dans les montants du premier étage.

Ces consoles forment une transition heureuse entre les deux systèmes. En raison de leur fonction décorative, on les orne souvent de sculptures et de peintures. Nous en avons un exemple pl. XXXV.

Les abouts des pannes et les poutres superposées, formant consoles de l'avant-toit, sont bien découpés suivant des profils qui se répètent, mais sans qu'il soit tenu compte des joints autrement que pour la force à laisser au bois, tandis que, dans la maison voisine, le profil s'arrête nettement à chaque joint et se reproduit de même pour chaque assise.

Sous le linteau de la porte d'entrée de cette ancienne maison se trouve, comme dans beaucoup d'autres, une planche profilée, encastrée par les bouts dans les piédroits.

La figure 56 montre le parti qu'on tira de ce motif plus tard, quand l'ornementation devint plus riche.

Fig. 56

Sur le premier plan de la même planche, est représentée une baraque de foire de Saanen, qui date de l'année 1709 (1).

MAISON D'ÉCOLE A ROUGEMONT

Canton de Vaud (Planche XXXV).

Cette maison, construite en 1701 pour servir d'habitation à une famille, offre un exemple de l'emploi combiné des pans de bois et de l'empilage, comme la maison de Saanen (2).

Elle repose sur une double rangée de sablières basses, faisant saillie sur les faces. Les poteaux des fenêtres de l'étage supérieur sont au même nu que les montants.

La membrure qui forme les linteaux des fenêtres sert en même temps à porter le plancher.

Les consoles portant les pannes sont ici profilées suivant des courbes plus larges. Il est à remarquer, du reste, que l'ornementation dans la Suisse française a un caractère particulier de finesse et d'élégance.

Au droit de la façade gauche de la maison, est une galerie couverte et vitrée qui s'étend sur une certaine longueur du mur d'enceinte de la cour.

La porte cintrée de l'entrée sur la droite mène, par un couloir, à l'escalier de l'étage. Cet escalier aboutit au premier étage, à la cuisine, qui donne accès aux chambres du devant.

Le vaste manteau de la cheminée de la cuisine est en madriers.

Cette maison a 13.20 de façade de pignon sur 12.00 de profondeur.

LE PRESBYTÈRE PROTESTANT A LA ROSSINIÈRE

Canton de Vaud (Planche XXXVI).

Ce presbytère date de 1664 et reproduit en général la construction précédente.

Cependant les consoles des pannes sont profilées, suivant une méthode qui appartient à l'époque plus ancienne des constructions que nous avons vues à Saanen, c'est-à-dire, que chaque assise de poutre forme un cran distinct et que le profil arrêté à chaque joint se répète à chaque assise.

Les arcatures de la frise au-dessus des fenêtres de l'étage supérieur ont une proportion inaccoutumée. Ces arcatures sont taillées dans la masse du bois; elles ont 0.30 de diamètre et 0.12 de profondeur.

---

(1) La maison de 1661 a 10.14 de largeur de pignon et une profondeur de 9.48. Les poteaux corniers ont 0.30 sur 0.30 d'équarrissage. Les sablières basses ont 0.30 sur 0.17. Les poutres rainées portant les planchers ont 0.36 sur 0.18. Les parois ont 0.12 d'épaisseur.
La maison voisine a une largeur de pignon de 16 mètres.
La boutique a 4.50 de longueur et 2.70 de largeur.

(2) Dans la hauteur des appuis des feuilles des deux étages, on lit l'inscription suivante :

Dieu benie cette maison tous ceux qui la possederont. O eternel soit le conducteur de son batisseur Jean Rodolphe Cottier Banderel.
La mort me chassera de cette demeure fragile mais jay au ciel un domicile ou jamais elle nentrera. An courant 1701.

Cette frise est reproduite fig. 37 ; plus bas est l'appui des fenêtres sous la grande frise, et enfin la frise à arcature au-dessus du premier étage, qui se distingue par une élégance et une originalité rares.

Les sablières basses sont épaulées par de petites consoles, pour mieux porter la deuxième panne.

Le pignon a, entre les galeries latérales, 13.85. La saillie de la cloison à madriers sur la sablière inférieure est de 0.30.

GRANGE A CINUSKEL ET TOIT DU MOULIN DE SAINTE-MARIE

Canton des Grisons (Planche XXXVII).

La figure I représente le pignon d'une grange à Cinuskel, sur le devant de la maison d'habitation.

Le rez-de-chaussée, très-bas, sert d'étable à moutons ; au-dessus, est le grenier à foin et aux grains. Il y a quelques chambres dans le haut. Ces chambres sont séparées par des cloisons de bois plein qui se relient avec les murs extérieurs.

La figure II montre la coupe de la galerie ; la fig. III, un des trois arcs de la façade avec les peintures au sgraffite. Ces arcs se reproduisent sur la face en retour.

Fig. 57.

La figure V représente le toit du moulin de Sainte-Marie ; on peut remarquer que la planche, découpée en écusson qui porte les initiales et la date, est engagée dans une mortaise pratiquée dans le tirant.

Dans la figure IV, nous donnons les pannes de la toiture, en les rapprochant toutefois pour mieux faire saisir la combinaison des liens et des assemblages.

MAISON FALLET A BERGÜN

Canton des Grisons (Planche XXXVIII).

Le comble de cette maison, servant de grenier à fourrage, est ouvert sur le pignon. La forme, à poteaux verticaux, est combinée avec beaucoup de recherche et exécutée avec un soin parfait. Nous en donnons un arrachement intérieur à une plus grande échelle, pour mieux faire saisir toutes les parties de ce remarquable travail. Les chiffres gravés isolément sur chacun des liens forment par leur réunion la date de 1564.

Nous revenons, à la fin de cet ouvrage, sur la construction des fenêtres et sur les peintures au sgraffite des murs de cette maison.

GRANGE A ZERNEZ ET GALERIE A ALVANEU

Canton des Grisons (Planche XXXIX).

Cette planche contient en vue géométrale une partie de la coupe en long et une vue perspective de la grange de Zernez.

Elle forme le prolongement d'une maison d'habitation ; un même toit couvre la maison et la grange. Elle date de la fin du siècle dernier.

Dans la grange d'Alvaneu, les parois en empilage sont de poutres rondes. La grappe de raisin qui est suspendue sous le balcon est en fer-blanc repoussé et peint.

MAISON CUORAT A LAVIN

Canton des Grisons (Planche XL).

La maison figurée pl. XL est une des plus petites de l'Unterengadine. La grange et l'étable y sont adossées.

A gauche est l'entrée principale, qui ouvre à la fois sur le corridor et la grange.

A droite est une fenêtre qui éclaire la chambre d'habitation, au plafond surélevé, et dont les cloisons en empilage sont revêtues d'un lambrissage.

La partie supérieure du fronton de l'avant-toit est garnie d'un entrecroisement de bois profilés. On se ressent ici de l'influence du voisinage du Tyrol, où cette disposition est très-fréquente.

Sur la droite on voit la voûte du four, qui est protégé par un petit toit. Le four appartient à la cuisine voûtée qui est située derrière la chambre d'habitation.

Les peintures au sgraffite des murs sont en grande partie effacées par le temps; nous les avons restaurées en nous aidant de peintures semblables d'autres maisons du pays.

La façade a 12.30, la porte charretière 2.40 de largeur.

Au premier plan de cette planche nous donnons une fontaine en bois.

Les poutres du petit côté sont assemblées à queue d'aronde dans les poutres du côté long qui ont les têtes saillantes. Ces poutres sont assujetties aux patins en chêne par des tirants en fer.

PARALLÈLE

ENTRE LES CONSTRUCTIONS EN BOIS DE LA SUISSE

ET CELLES DE L'ALLEMAGNE.

Les maisons en bois se divisent en trois genres principaux, suivant la composition des parois :

1° Les parois en empilage ou de bois massifs (Blockbau);
2° Celles en madriers engagés dans des poteaux (Ständerbau);
3° Enfin les pans de bois consistant dans l'emploi combiné du bois et de la pierre ou du pisé (Riegelwand).

Ce dernier système s'étend de plus en plus de la plaine aux pays de montagnes à mesure que le bois devient plus rare et augmente de prix.

La maison en bois massif ne domine plus exclusivement que dans certaines montagnes très-retirées et encore très-boisées.

Il serait difficile de dire quel est le plus ancien des deux systèmes, de l'empilage ou de la paroi en madriers.

On ne peut faire sur cette question que des hypothèses, les constructions qui appartiennent à ces deux systèmes ne remontant pas au delà de trois siècles.

On peut toutefois, à en juger par la grande simplicité des moyens de construction et par le caractère de la décoration, qui semblent empreints d'une longue tradition, leur assigner à tous deux une origine très-reculée.

Les trois systèmes sont représentés en Suisse sur un champ relativement restreint, mais avec une grande variété d'expression et avec une perfection qui en fait des modèles dignes de l'attention des constructeurs modernes.

Quelquefois on rencontre les trois systèmes réunis dans une même maison.

Malgré l'analogie de la construction et de la distribution, ces maisons se distinguent entre elles par la variété des toitures, des revêtements des cloisons et des ornements.

Si nous recherchons maintenant le caractère commun de ces constructions, nous verrons qu'il réside dans la distribution de l'étage principal (1).

Les maisons de petites dimensions, destinées à une seule famille, sont ordinairement distribuées de la façon suivante :

A côté de la chambre d'habitation est la chambre à coucher ; derrière ces deux pièces sont la cuisine avec les entrées sur le côté. Ces localités sont inscrites dans un carré qui forme comme le noyau de l'habitation.

Elle se développe dans un étage qui porte ordinairement en encorbellement une ou plusieurs galeries latérales.

Dans les plus grandes maisons, mais qui ne sont encore destinées qu'à une seule famille, il y a un couloir étroit, un escalier droit et une porte d'entrée latérale entre les deux pièces antérieures et la cuisine, à laquelle s'adosse une autre pièce qui forme le quatrième angle.

Ce noyau plus grand forme aussi un carré qui se reproduit à l'étage, avec addition de galeries latérales, quelquefois aussi, dans l'Oberland bernois, avec des galeries de face.

Dans les quatre cantons, il est très-rare de trouver un plus grand nombre de pièces pour une seule famille ; quand cela arrive, la maison s'augmente par l'allongement des façades latérales, comme dans l'ancienne maison des baillis, à Steinen (fig. 58).

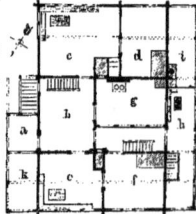

Fig. 58. Échelle de 0,003 p. m.

(1) Comparer les plans des planches XVII et XVIII.

En hiver on se réunissait dans la chambre exposée au midi, en été dans la chambre au nord (1).

Dans l'Oberland bernois, on voit souvent deux familles se réunir, par raison d'économie, pour la construction d'une maison commune.

Cette maison se compose alors de deux carrés comme celui que nous avons décrit plus haut, formant chacun l'habitation d'une famille, et séparés par une cloison dans la ligne du faîtage et perpendiculaire au pignon.

Ces deux carrés ainsi réunis forment un rectangle dont le grand côté fait le pignon, qui prend ainsi des proportions considérables par rapport aux faces d'égout.

Les Suisses ont conservé en principe le plan des maisons allémanes primitives, dont le type existe encore dans la Forêt-Noire.

De même que les habitants de la Forêt-Noire, les Suisses, par suite d'un accroissement excessif de la population sur un sol peu fertile, durent ajouter depuis des siècles les ressources de l'industrie à l'agriculture et à l'élève des bestiaux. L'industrie devint même la principale branche de leur activité.

Ils conservèrent la disposition particulière des fenêtres de l'habitation allémane. On a pu voir que dans presque toutes les maisons que nous avons examinées, les fenêtres se multipliaient, pressées les unes contre les autres, à partir de l'angle méridional de la maison. C'est dans cette partie de la maison, la mieux exposée au soleil, que venait se concentrer toute la vie d'intérieur de la famille.

On cherchait à faire coïncider autant que possible la diagonale avec la méridienne; la chambre était ainsi éclairée directement le long du jour.

Du banc adossé aux deux côtés intérieurs de cet angle, on pouvait voir tout ce qui se passait dans la chambre; des fenêtres, la vue s'étendait de part et d'autre sur la campagne, souvent admirable dans ces contrées pittoresques.

On sacrifiait volontiers à cette disposition des fenêtres, la symétrie des façades. On n'observait pas davantage l'alignement des rues. Les pignons étaient avancés les uns sur les autres pour permettre à la vue de mieux plonger dans la rue par les fenêtres latérales.

L'arrangement intérieur de la chambre d'habitation trahit, dans tous ses détails, cette recherche du bien-être tranquille, cet amour du chez soi, ce sentiment de la famille qui caractérise l'Allemand et qui s'est développé dans toute la Suisse, même dans les parties françaises, romanes et italiennes.

La chambre d'habitation est le plus souvent carrée, cette forme étant considérée comme la plus commode. Le côté varie de 3.60 à 6.00 de longueur; la hauteur varie de 2.10 à 2.25.

Les petites vitres plombées des fenêtres réfractent la lumière et font un jour plus doux. A mesure que le soleil s'élève au-dessus de l'horizon, les auvents ou l'avancée du grand toit portent ombre sur les fenêtres et garantissent la chambre de la trop grande chaleur. Ils forment surtout un précieux abri contre la pluie et la neige.

Les lambrissages intérieurs, le plancher, le plafond, gardent la couleur naturelle du bois, que le soleil anime de chauds reflets.

A l'angle opposé, est le grand poêle en faïence vernissée qui sert à faire sécher les fruits et à cuire le pain, et qui suffit dans beaucoup de cas à chauffer toute la maison. Il se charge du dehors et est isolé de la cloison par un escalier à marches hautes et étroites qui permet d'atteindre à la trappe du plafond, au-dessus du poêle, et qui en hiver offre de bonnes places pour ceux qui veulent se réchauffer.

Contre un côté ou dans un angle, est le grand buffet, — le plus pauvre paysan a le sien, — qui sert à la fois de secrétaire, d'armoire à verres et de toilette.

Quelques sièges en bois complètent ce rustique ameublement.

Dans les quatre cantons, on rencontre souvent encore sur une petite console, à un angle de la maison, la statuette de la Vierge, naïvement parée et pieusement abritée sous un globe de verre.

(1) *a* Palier et entrée sous la galerie.
b Salle d'attente ou vestibule (forhalle) avec l'escalier.
c, e Chambre d'habitation.
d, f Chambre à coucher.
g Cuisine.
h Galerie ouverte avec table et bancs; à côté, l'escalier qui va au jardin.
i Lieux d'aisances.
k Bûcher.

Les montants des portes et les meneaux des fenêtres de maisons plus anciennes sont souvent ornés de saints sculptés et polychromés, dans le goût du gothique de la dernière période.

Les sculptures, les meubles incrustés, les décorations architecturales des plafonds, des murs et des portes, les peintures et les reliefs des poêles en faïence, font de certaines maisons du XVII° siècle, encore empreintes du goût de la Renaissance, de vrais musées où l'œil est ravi par toutes les beautés que l'art y a accumulées.

Nous donnons (*fig.* 59) un exemple de marqueterie de cette époque, obtenue avec deux espèces de bois, l'un clair, l'autre foncé. On les découpait tous deux suivant le même dessin, et par la simple transposition des découpures on produisait, sans aucun déchet de bois, un double motif dont l'un était la contre-partie de l'autre.

Fig. 59.

Il nous reste, après avoir montré la grande ressemblance que ces maisons présentent dans la distribution, à signaler quelques exceptions.

Dans les maisons doubles de l'Oberland bernois, il n'y a souvent qu'une cuisine pour les deux familles, ce qui simplifie beaucoup le plan, surtout si chaque famille n'a qu'une chambre d'habitation sur le pignon.

Dans les maisons très-grandes et qui ne sont construites que pour une famille, telles qu'on en trouve dans le Simmenthal et le Saanenthal, la cuisine est au centre de la maison; elle forme comme un dégagement central communiquant, par les couloirs et par les escaliers, avec toutes les parties de la maison. L'âtre est lui-même au milieu de la cuisine, qui n'est souvent éclairée que par la large ouverture de la cheminée. Elle contient encore un autre foyer destiné à la fabrication des fromages.

Quant aux bâtiments d'exploitation, il est à remarquer que, dans les régions alpestres de la Suisse et du Tyrol, les étables et les granges ne font pas corps avec les habitations, mais sont dans le voisinage ou encore sur les terres.

Dans les parties de la Suisse où domine le blockbau, les parois des étables sont en madriers bruts, à moins que le grenier à fourrage ne soit placé au-dessus; dans ce cas, les parois sont en bois ronds empilés.

L'étable est ordinairement séparée en deux par un passage transversal, le long duquel sont les râteliers. Aux pignons de l'étable s'adossent des remises pour les voitures et les outils, les fromageries, etc. Ces constructions entourent l'étable, et l'abritent contre le froid.

Les greniers à fromages, isolés, sont construits, dans les cantons de Berne, de Lucerne et d'Unterwalden, avec la même recherche que les maisons d'habitation.

Le paysan d'Argovie et de Zurich orne aussi ses greniers à fruits, construits en madriers, de liens façonnés, de balcons à jour et de galeries. Celui de l'Engadine déploie aussi dans la construction de ses greniers à fourrages tout l'art que comporte le bois.

Quand les dépendances font corps avec la maison d'habitation, elles s'adossent aux pignons, comme dans les constructions allemanes de la Forêt-Noire. La face d'égout devient alors la face principale. Ces maisons sont ordinairement séparées de la rue par une cour.

Le corridor sur le milieu de la face traverse toute la maison, donnant à gauche sur la chambre d'habitation et sur la cuisine à la suite, et à droite sur la grange ou sur l'étable.

Quelquefois l'aire à battre est au-dessus des étables; les voitures arrivent au grenier par une rampe maçonnée qui s'arrête à une petite distance de la maison pour laisser un passage devant les écuries. Cet intervalle est franchi par un pont de bois ou voûté.

La même disposition se retrouve dans la Forêt-Noire et dans les pays hauts de la Bavière.

Dans les cantons est de la Suisse, on a adopté pour les grandes métairies l'usage de la Franconie, où les bâtisses sont distribuées sur le pourtour de la cour.

Nous entrons maintenant dans l'examen plus détaillé des variétés des maisons suisses, pour les comparer aux maisons allemandes de même origine. Nous commencerons, comme pour les monographies, par les pans de bois.

RIEGELBAU. — PANS DE BOIS.

Les maisons en pans de bois des pays hauts de l'Allemagne du Sud, de la Styrie, de la haute Bavière et du Tyrol, où l'on trouve en même temps des blockhaus, diffèrent des maisons de la plaine, où domine le toit haut en tuiles, par leur toiture plate, couverte en bardeaux et chargée de pierres, par les revêtements en planches ouvragées et par les galeries ; mais elles s'en rapprochent par la disposition des fenêtres, qui sont, dans les unes et dans les autres, séparées par des intervalles ou trumeaux égaux.

L'influence de ce système des pays hauts s'est étendue à certaines parties romanes du canton des Grisons, mais seulement dans la toiture et dans les galeries ; tandis que le système des pays plats s'est peu à peu substitué, dans les cantons est de la Suisse, au système en madriers (standerbau), et s'est répandu depuis près de deux cents ans jusqu'aux confins des quatre cantons, où se sont conservées les traditions du blockbau. Il est à remarquer que c'est aussi dans ces contrées que se sont le mieux conservées les vieilles coutumes.

Dans l'Argovie, le standerbau (construction en madriers avec les hauts toits de chaume abritant à la fois l'habitation et les étables) s'est conservé jusqu'en ce siècle.

Dans le canton de Zurich, où régnait encore exclusivement, jusqu'au XVIe siècle, un système de *standerbau* avec le toit plat et la ferme à poteaux, et où les étables étaient encore séparées de l'habitation, ce n'est que vers le commencement du XVIIe siècle que s'introduisit le *riegelbau*, système des pans de bois, avec les toits hauts en tuiles, les poutrages réguliers à chaque étage et la ferme à arbalétriers (1).

On rencontre aussi dans le Wehnthal, canton de Zurich, le haut toit de chaume au faîtage arrondi, avec les pans de bois hourdés en maçonnerie et la réunion sous un même comble, comme en Argovie, de l'habitation et des étables.

La ressemblance de ces pans de bois et de ceux de l'Allemagne du Sud, dont nous avons parlé, est encore augmentée par le badigeon rouge dont on recouvre les bois dans l'un et l'autre pays.

Voici maintenant les caractères différentiels de ces constructions, au point de vue du climat, de la tradition et de la décoration.

Ils consistent :

1° Dans le pignon maçonné et systématiquement exposé du côté des vents, dont le crépissage était incrusté de petits éclats d'ardoises rouges qui, de loin, donnaient à la façade l'aspect d'une vaste mosaïque, et qui contribuaient beaucoup à la conservation du mortier.

2° Dans la plus grande saillie du toit, aussi bien sur le pignon où les supports des abouts en porte à faux des pannes et des chevrons sont profilés avec goût, que sur les goutterots, où quelquefois on retrouve la disposition des liens du *standerbau* et où d'autres fois tout le poutrage du comble est prolongé en saillie du mur, pour abriter les galeries ouvertes et les abords, comme dans les maisons de la Forêt-Noire (2).

3° Dans les auvents, placés au-dessus des fenêtres de chaque étage du pignon. Les petits chevrons de ces avant-toits sont cloués par le haut au mur, et reposent par le bas sur une panne, qui est portée par les saillies des sablières des murs et des cloisons, épaulées par des liens.

4° Dans les galeries ou balcons, qui, dans un pays humide et brumeux, sont très-utiles pour sécher les semences et autres produits, et qui permettent d'établir les lieux d'aisances en dehors de la maison.

Les galeries sont portées tantôt par les bouts prolongés de toutes les solives du plancher, tantôt par le prolongement d'une partie seulement d'entre elles. Dans ce cas, les saillies sont épaulées par des liens profilés.

Les galeries de pignon ont leurs sablières qui reposent sur le prolongement des pièces d'enrayures, également épaulées sur leur saillie.

---

(1) La planche XI et les figures 47 et 49, page 30, montrent la ferme à poteaux.
La ferme à arbalétriers est représentée fig. 41 et 46, pages 28 et 30.

(2) Voir les *Constructions en bois de la Forêt-Noire*, par Eisenlohr.

5° Dans la disposition des fenêtres accouplées et des volets, qui est la même que celle de la Forêt-Noire, si ce n'est que, dans celle-ci, les encadrements des fenêtres font saillie et que les volets, suspendus librement devant l'allège de la fenêtre, se ferment de bas en haut, tandis que, dans celle qui nous occupe, les volets se ferment de haut en bas. Ces volets sont ornés de belles découpures; tantôt, la découpure elle-même forme l'ornement, comme dans la fig. 60; tantôt, elle en forme le fond, comme dans la fig. 56 (page 42). Souvent aussi la découpure se dessine seulement sur le bord inférieur, comme dans la planche XXII.

Fig. 60.

6° Dans les entre-croisements de bois qui décorent les frontons des pignons. Cette décoration en treillage se retrouve encore, avec addition de planchettes découpées, aux toits des remises à foin, dans des panneaux de cloisons, et en petit, avec des détails plus riches, dans certaines portes de granges du canton de Thurgovie.

Les encorbellements, prononcés d'un étage sur l'autre, sont rares en Suisse. Ceux qu'on peut rencontrer n'ont aucune décoration.

STÄNDERBAU. — PANS DE BOIS EN MADRIERS.

Nous divisons les pans de bois en madriers en trois classes principales.

Dans les cantons est, les montants au droit des murs et des cloisons ou poteaux corniers montent de fond, depuis la sablière basse jusqu'à la sablière du comble. Ils sont renforcés par des liens, surtout au pied et à la tête. Les liens sont appuyés contre la surface des madriers et sont assemblés en queue d'aronde.

Les tenons, passant des deux sablières basses du rez-de-chaussée sur les faces latérales, font saillie sur la sablière du pignon et sont arrêtés par des chevilles en bois.

Entre les montants, les poutres qui portent les madriers du premier étage, les appuis et les linteaux continus des rangées de fenêtres, sont rainés. Les poteaux des fenêtres sont à tenon et mortaises dans l'appui et le linteau.

Ce système est le plus ancien; il est représenté sur la planche XI. Il correspond tout à fait au système employé dans la Forêt-Noire (1). Il est employé aussi bien avec la toiture haute en chaume ou en tuiles, qu'avec le toit bas en bardeaux.

Le plus souvent la façade principale est sur l'un des goutterots.

L'étage principal de ces maisons est ordinairement au niveau du sol ou sur un faible soubassement en pierre; les allèges des fenêtres du rez-de-chaussée sont généralement tout en pierres ou en hourdis, les volets sont alors au-dessus des fenêtres.

Dans les cantons de Berne et de Lucerne, nous n'avons rencontré ce genre de parois que dans de très-anciennes constructions.

Le plus généralement, les poteaux à la rencontre des murs ne prennent qu'un étage, comme dans les pans de bois. Ils ont une épaisseur suffisante par rapport à leur faible hauteur, et les madriers de remplissage sont assez forts pour qu'il devienne inutile de les consolider par des liens.

Ici, nous avons à parler de deux variétés de cloisons, résultant de la disposition et de la construction des fenêtres.

L'une, plus ancienne, où les appuis et les linteaux de fenêtres, formés de grosses solives entières, se prolongent sur toute la longueur de la face entre les montants d'angle et où les poteaux de fenêtre sont tenus un peu plus épais à l'intérieur, comme dans les maisons des planches XV et XVI.

L'autre, plus récente, de la seconde moitié du dernier siècle, où les fenêtres symétriques sont séparées par des trumeaux et dont les poteaux, de la même hauteur que les montants, sont

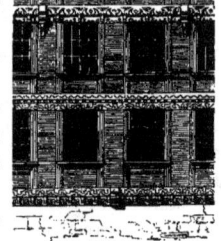

Fig. 61.

---

(1) La construction du comble, dans les maisons de l'Argovie qui appartiennent à ce système, semble remonter à une plus haute antiquité. Elle rappelle la tente primitive. En effet, les chevrons en bois rond sont attachés deux à deux par leur gros bout, et posent à cheval sur la panne faîtière qui couronne le pan de bois de l'axe, solidement étayé à ses deux extrémités et bien relié sur toute sa longueur. En plus, le comble est libre de toute charpente.

Tandis que, dans les combles de la maison de la Forêt-Noire, les chevrons et les pannes sont équarris à angle droit et portent sur deux fermes à poteaux droits, superposés avec un poutrage continu. On n'y conserve du pan de l'axe que les grands montants, avec des liens écurbs sous la panne faîtière, comme soutien des poutrages.

arrêtés à chaque étage, comme dans les pans de bois hourdés (*fig.* 61). Les entretoises d'appui de ces fenêtres sont emboîtées dans les piédroits.

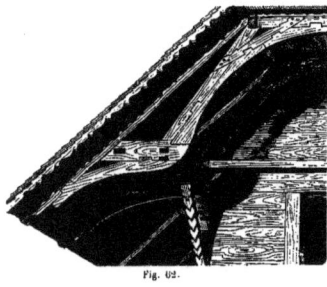

Fig. 62.

Les plus grandes maisons de ce genre, avec leurs toits élevés couverts en bardeaux, se trouvent dans le Simmenthal.

La figure 62 montre la moitié d'un de ces pignons, portant croupe avec le fronton en madriers cintrés et emboîtés dans les pièces de la charpente; sur cintre, est clouée la garniture en planches, qu'on n'a pas figurée sur le dessin.

Ces deux dernières variétés de cloisons ne se trouvent pas en Allemagne, autant du moins que nos renseignements nous permettent de l'affirmer.

Les planches des planchers et des plafonds sont, comme dans le système d'empilage, rainées entre elles et engagées à rainures dans les sablières des murs.

BLOCKBAU. — EMPILAGE.

Avant de passer au blockbau suisse, nous ferons quelques observations sur le blockbau des montagnes de la Haute-Bavière et du Tyrol (1).

Dans la Haute-Bavière, le soubassement en pierre devient l'étage principal et n'est surmonté que d'un étage en bois.

Attenant à la maison et sous le même toit, sont les étables et la grange, et les voitures arrivent au moyen d'un pont dans l'aire à battre placée au-dessus des étables.

Dans le Tyrol, au contraire, le soubassement sert de cave et supporte deux étages en bois. Les bâtiments d'exploitation sont séparés de l'habitation et placés sur les terres.

Dans les deux pays, les cloisons sont reliées au moyen de tenons à peigne, dans le genre de ceux qu'on emploie pour les caisses; les contre-forts et les saillies des poutres sont par là même supprimés.

Les parements des étages sont tous au même nu, sans encorbellement; les poutres ne sont pas sculptées; la décoration extérieure consiste presque exclusivement dans des découpures de planches.

Les fenêtres sont espacées symétriquement par de larges trumeaux.

Les plafonds sont soutenus par des sommiers qui portent sur ces trumeaux et qui les partagent en panneaux égaux.

Les galeries de face et de côté des deux étages sont portées par les saillies des sommiers des plafonds.

Les toits sont saillants, plats, couverts en bardeaux et lestés de pierres.

Les pannes et les bouts des sommiers supportant les galeries sont soulagés encore par des bouts de poutre d'une forte épaisseur, découpés en manière de consoles et garnis sur les faces de planches gracieusement travaillées.

Les planches qui dessinent le fronton du pignon sont également profilées avec recherche et se terminent souvent au sommet en tête de cheval (Tyrol).

La maison en empilage (blockhaus) de la Suisse est généralement à deux étages. Le soubassement, en pierre, sert de cave.

Les fenêtres y restent, comme dans les constructions allemanes de la Forêt-Noire, serrées les unes contre les autres, excepté toutefois dans certaines parties des Grisons et d'Appenzell.

Envisagées au double point de vue de la construction et de la décoration, ces maisons se divisent en trois groupes principaux se rapportant à des différences de mœurs et de climat : celui des trois cantons primitifs (Uri, Unterwalden, Schwytz), celui de l'Oberland bernois, avec la partie limitrophe du pays de Vaud, et celui d'Appenzell (2).

(1) *Journal d'architecture* de Forster, année 1843 (Bauzeitung).
(2) Au groupe des cantons primitifs se rattachent, à l'exception des constructions en empilage des cantons précités, celles du reste de la Suisse; de sorte que nous n'aurons à ajouter plus loin que quelques remarques sur des cas isolés, et à expliquer l'application toute particulière de l'empilage dans l'Engadine.

Le blockbau se présente dans les trois cantons avec des caractères très-archaïques : des murs nus partout d'égale épaisseur, sans encorbellement, avec des poutres partout de même équarrissage et privées de toute décoration.

Depuis trois siècles, il n'a pas varié dans ses caractères essentiels et n'a subi en aucune façon l'influence du standerbau.

Par contre, dans les riches constructions en empilage de l'Oberland bernois, qui, à partir du XVIIe siècle, furent portées à un si grand degré d'élégance et de luxe, les pièces importantes horizontales, telles que sablières, membrures, appuis, linteaux de fenêtres et pannes, furent renforcées comme dans le standerbau; d'autres fois encore on trouve le rez-de-chaussée construit tout en standerbau, et ce n'est qu'à l'étage supérieur que commence le véritable empilage (1).

Les constructions en empilage ne diffèrent, dans les trois cantons, que par la toiture, qui est tantôt plate et recouverte en bardeaux chargés de pierres, tantôt haute et en tuiles ou bardeaux très-faibles, quelquefois aussi avec croupes sur les pignons.

La saillie du toit, au pignon et sur les côtés, ne dépasse jamais de 0.80 à 0.96, tandis que, dans l'Oberland bernois, elle varie de 2.10 à 3.00. On a dû, en raison de la faible saillie, adapter des auvents au-dessus de chaque rangée de fenêtres du pignon et parfois aussi sur les fenêtres latérales du rez-de-chaussée.

Si la nécessité d'abriter les parois en empilage par des toits était peu favorable à la décoration des poutres, la disposition des volets ne s'y prêtait pas davantage. Cette disposition des volets devenait elle-même le motif principal de la décoration naturelle des façades, auxquelles la vigne venait encore ajouter la grâce de ses enroulements pittoresques.

On trouvait encore d'autres motifs de décoration dans les supports des chevrons en saillie sur le pignon, dans les épaulements des sablières des galeries latérales et des pannes des auvents. Tous ces supports sont formés par les saillies des poutres des murs principaux et des cloisons, et sont découpés suivant un quart de cercle, comme le serait une console d'une seule pièce.

Cette courbe se termine par une tête ou croisette d'un profil original, taillée dans l'extrémité de la poutre supérieure.

La figure 63, *a*, *b*, *c*, représente trois de ces consoles des cantons de Schwytz et d'Uri.

La console *c* (*fig.* 63), de la fin du siècle dernier, très-répétée dans le canton d'Uri, rappelle de loin la tête du taureau.

Fig. 63.

La console *d* du canton d'Unterwalden, dont la tête est formée de plusieurs poutres d'égale saillie, constitue un des rares motifs qui distinguent l'architecture de ce canton.

Le front de ces consoles est rarement garni de planchettes.

Quand les parois d'empilage sont revêtues de bardeaux, comme dans certaines régions d'Unterwalden, les têtes de ces consoles sont garnies de petits bardeaux, soigneusement taillés et peints de diverses couleurs, formant des motifs variés qui animent la façade.

La construction et la disposition des cloisons en empilage subissent certaines modifications que nous ne pouvons pas passer sous silence.

Ainsi, les sablières et les pannes sont souvent renforcées à l'intérieur; les appuis de fenêtres, au contraire, se profilent souvent en saillie extérieure.

Ces profils sont formés de chanfreins, de gorges, de frises en dés ou comme dans toutes les anciennes constructions en empilage et en madriers de la Suisse. Le pignon porte quelquefois sur les poutres de la cave, d'environ 0.45 en saillie, qui reposent sur de fortes sablières et sont épaulées par des consoles engagées à tenons dans les sablières (*fig.* 53, p. 34).

Les intervalles des têtes de poutres sont décorés de bas-reliefs peints.

Cette disposition est la seule, dans le blockbau suisse, qui le rapproche des pans de bois en encorbellement de l'Allemagne du Nord.

Il arrive encore, surtout dans les anciennes maisons, que les parois sont portées en saillie à la hauteur d'appui du rez-de-chaussée. Il en résulte une disposition plus compliquée des angles, ainsi que le montre la fig. 64, qui représente l'angle de la maison de tir, près de Schwytz, datant de 1564.

Fig. 64.

---

(1) Nous avons de même constaté la combinaison du Standerbau et du Riegelbau dans l'Oberland bernois.

Quelquefois le mur ne fait saillie qu'à un étage supérieur, porté sur les poutres prolongées des parois principales et des cloisons, comme dans la maison de Steinen, année 1539 (*fig.* 63, b).

Quand, en même temps, les avant-toits font le tour de la maison, il se présente un genre de supports tout particulier. Les consoles, comme dans la figure 63, se reproduisent trois fois dans la hauteur, avec entaille à mi-bois des poutres, et supportent d'abord la paroi latérale qui fait saillie, puis l'avant-toit, et enfin les chevrons et coyaux du toit.

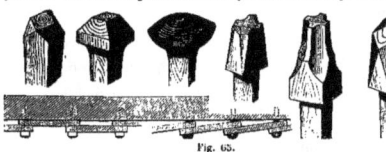

Fig. 65.

Dans le canton de Schwytz, le pignon, qui fait face au vent, est souvent revêtu de planches debout (*fig.* 65) fixées au moyen de chevilles de 0.03 d'épaisseur aux poutres de la paroi. Les têtes de ces chevilles sont façonnées de diverses manières (*fig.* 65).

Quant aux galeries ouvertes, nous ferons observer qu'en raison du peu de saillie du toit, on n'en trouve jamais au pignon; par contre, elles s'arrangent très-facilement à l'étage, sur les faces latérales, quand le toit est plat et très-saillant. Quand la pente est plus raide, on obtient la même disposition au moyen des coyaux.

Ces galeries n'existent souvent que du côté où sont la porte d'entrée et les marches qu'elles abritent.

Le faîte du pignon se trouve ainsi hors du milieu de la largeur de l'étage supérieur, ce qui ajoute du pittoresque à la façade.

Les poteaux du garde-corps de l'escalier extérieur sont souvent surhaussés pour porter les galeries. Ils sont relevés de profil et maintenus par des liens sculptés. Cette partie est généralement traitée avec recherche, comme un motif se prêtant particulièrement à la décoration extérieure.

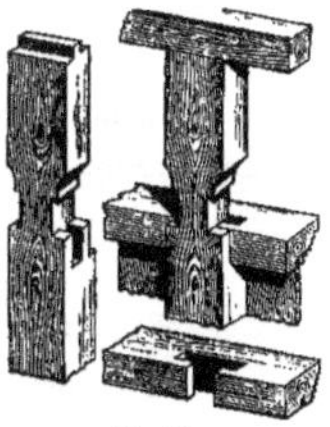

La construction des parois de ces galeries latérales, ainsi que les procédés d'assemblage, sont les mêmes pour toutes les parties de la Suisse.

La fig. 66 montre l'assemblage de l'entretoise d'appui avec le poteau de la paroi.

Cet appui est formé toujours d'une pièce continue profilée qui relie tous les poteaux d'une galerie. Elle s'emboîte dans les poteaux et porte une rainure à sa face inférieure pour recevoir les planches formant l'allége.

Fig. 66.

Pour que la mortaise de l'entretoise d'appui puisse se présenter au tenon vertical en enfourchement du poteau, il faut que celui-ci soit entaillé dans sa hauteur d'une quantité égale à l'épaisseur de l'entretoise. Dans la fig. 66, l'entaille est, au-dessus de l'appui, apparente et devient un motif de décoration.

Au contraire, dans la fig. 67, où les poteaux au-dessus de l'appui sont taillés en forme de colonne, l'entaille se trouve au-dessous de l'appui et est masquée par un morceau de bois rapporté. On n'a pas figuré ce morceau de bois dans le poteau d'angle.

Les madriers des plafonds et des planchers sont rainés entre eux et s'engagent à rainures dans les poutres des parois. Dans chaque plancher on réserve un madrier plus large d'un bout que de l'autre, en manière de coin, pour serrer les joints.

Dans de plus vieilles maisons, les madriers de l'étage supérieur sont engagés chacun isolément dans des lambourdes chanfreinées.

Le plancher du rez-de-chaussée repose généralement sur plusieurs poutres de la cave.

Le plancher supérieur n'est soulagé que par un seul sommier, dans le milieu de la chambre du pignon. Il porte aussi sur son prolongement le plancher de la galerie, dont les madriers ne sont pas jointifs, afin de laisser passer la pluie.

De même que les poutres de l'empilage portent directement les planchers, de même aussi elles portent le toit sans adjonction de fermes.

Fig. 67.

Les poutres, qui servent de pannes et qui en même temps forment l'assise supérieure de la paroi latérale de la chambre du comble, vont d'une seule portée d'un pignon à l'autre, maintenues par les parois de la chambre du comble et des pignons.

Dans les maisons plus grandes qui ont une chambre de comble sur l'avant et sur l'arrière, la panne n'a à franchir que l'espace vide entre les deux. Quand il n'y a pas de chambre sur l'arrière, la panne est renforcée par une ou plusieurs poutres de la chambre du devant, qui sont prolongées sur toute la longueur jusqu'au pignon opposé.

Ce principe de construction ne varie pas, que le toit soit plat ou raide.

PARALLÈLE ENTRE LES CONSTRUCTIONS EN BOIS DE LA SUISSE ET DE L'ALLEMAGNE. 53

Les constructions des trois cantons primitifs se distinguent entre elles par des découpures plus ou moins compliquées et par les peintures des volets. Les planches formant lambrequin sous les linteaux des fenêtres sont aussi très-ornées.

Contrairement à l'usage des cantons de l'est, les volets se ferment de bas en haut, et souvent par les côtés à l'étage supérieur.

Quand trois fenêtres sur le pignon sont juxtaposées, le volet du milieu se lève, les deux autres s'ouvrent sur les côtés.

Dans l'Oberland bernois, où s'est introduit le second de ces genres de blockbau dont nous avons parlé, c'est à Meiringen que se rencontrent les plus anciens et les plus simples blockhaus, dont le caractère s'est généralement maintenu dans la suite. Ces constructions diffèrent de celles des trois cantons par la grande saillie du toit principal, qui permet de supprimer les auvents, par la forme des poutres qui soutiennent les pannes (ces poutres sont taillées en biais suivant une ligne droite), enfin par l'absence de volets (1).

Pour toute décoration, les appuis sont quelquefois ornés de denticules formant une frise sur toute la largeur du pignon.

Ainsi, dans les plus anciennes de ces maisons, on voit déjà jaillir le principe particulier qui les distingue de celles des cantons primitifs, et qui fait que le parement même de la paroi sert de fond à la décoration.

Du commencement du XVIIe siècle datent les vastes pignons, dont les étages en encorbellement sont portés par des consoles rapportées.

Les répétitions multiples des frises en denticules sur les poutres de l'empilage, la forme des consoles qui portent les pannes se profilant en crans biais rectilignes, comme dans l'exemple figuré pl. XXVIII, les encadrements chanfreinés des fenêtres, donnent à ces maisons leur aspect sévère et uniforme.

Vers le milieu du XVIIe siècle, il se produisit dans la décoration des variations nombreuses, mais qui ne modifièrent pas profondément le principe de la construction. Les consoles portant les saillies des étages furent remplacées par des frises en arcatures, prises dans l'épaisseur de la poutre; les encadrements des fenêtres furent autrement profilés, et les bouts des poutres épaulant les pannes ne furent plus découpés par assises, mais comme s'ils ne formaient qu'une seule console d'une pièce.

Dans le Simmenthal et le Saanenthal, jusque dans le pays de Vaud, contrairement au reste de l'Oberland, on rencontre dans les plus anciennes maisons l'emploi du standerbau pour le rez-de-chaussée et du blockbau pour les étages supérieurs. Cet usage s'est conservé dans les constructions les plus récentes de ces régions.

Dans les façades de cette période plus riche, la distribution intérieure est encore exprimée au dehors par les saillies des étages et des poutres des cloisons, aussi bien que la construction des parois par l'accentuation des lignes horizontales au moyen de décorations variées (2).

Cette décoration est concentrée sur les larges bandes horizontales qui s'étendent entre les fenêtres des deux étages et du pignon.

L'une d'elles est bordée sur le côté par les planches des joues des galeries, l'autre par les consoles des pannes; leur largeur à toutes deux est marquée en haut par la ligne des appuis vigoureusement profilés, en bas par les arcatures de la sablière en saillie sur les linteaux des fenêtres.

Chacune de ces bandes est divisée en deux frises horizontales par des moulures fines, quelquefois à denticules. La frise du haut contient l'inscription gravée à creux noir sur champ blanc; l'autre porte une frise d'arcatures peu saillantes ou un ornement courant, rinceaux ou arabesques, qui n'a jamais plus de 0.002 de relief.

Quelquefois, les linteaux sont aussi décorés d'une frise, et les poteaux et les montants façonnés de profils et de reliefs.

La fig. 68 donne quelques frises de ce genre. La bande d'appui au-dessus du rez-de-chaussée participe souvent de cette décoration, mais il est rare qu'elle porte une inscription.

Enfin, les consoles qui portent la grande saillie du toit et

Fig. 68. Échelle de 0,05 p. m.

---

(1) Les volets qu'on peut y rencontrer exceptionnellement sont fixés au linteau, se relèvent et se rabattent au moyen de charnières, et sont maintenus ouverts par une tige de fer.
(2) Voir le 2e volume Du Style, du professeur Semper.

qui sont, il faut le remarquer, toujours au droit des cloisons, viennent couronner cet ensemble et complètent l'excellent effet architectural de la façade, qui est surtout dû, selon nous, aux causes suivantes :

1° A l'expression variée au dehors de la distribution et de la décoration.

2° A la fusion des détails les plus petits et les plus variés en grandes masses, divisées par des parties nues ou plus creusées, qui forment par le contraste des repos dans la décoration.

3° A la prédominance des lignes horizontales, qui s'harmonisent mieux avec la conformation des parois et du toit surbaissé.

4° Aux peintures, qui, aujourd'hui presque disparues, laissent percer çà et là le ton du bois, et qui font valoir davantage les reliefs en même temps qu'elles rendent plus sensibles les reflets des dessous (1).

5° Enfin, au caractère calme de l'ensemble, qui s'harmonise avec le voisinage, mais qui forme contraste, jusqu'à un certain point, avec les lignes majestueuses et sauvages de l'horizon.

La variété de ces façades est encore augmentée par les nombreuses manières de disposer les galeries. Mais, alors même qu'il y aurait des galeries sur le pignon, on laisse toujours au moins la paroi d'un étage libre pour en découvrir la décoration.

Dans le Tyrol, au contraire, les galeries passent devant la ligne des allèges de tous les étages ; aussi celles-ci ne sont-elles jamais décorées.

Fig. 69.

La fig. 69 a représente une maison à doubles galeries latérales sur les deux côtés, avec escalier extérieur aux deux extrémités et le long du pignon.

Dans la fig. 69 b, les galeries latérales n'existent qu'à l'étage supérieur et les escaliers se présentent de face ; mais quand les escaliers sont sur la face postérieure, on retrouve, fig. 69 c., les doubles galeries latérales sur le pignon principal.

Ces dispositions des galeries se rencontrent surtout dans le Simmenthal et le Saanenthal, mais à Brienz, à Interlaken et à Grindelwald, les galeries latérales font retour sur le pignon ; celle de l'étage supérieur est couronnée par un cintre découpé, dont nous avons précédemment donné la description. Les galeries supérieures du pignon sont le plus souvent de quelques marches en contre-haut des galeries latérales, afin de laisser plus de jour aux fenêtres inférieures. Un petit poteau réunit sur l'angle les sablières des deux galeries.

Pour empêcher le déversement des devantures d'appui, qui ont souvent une très-grande longueur, on prolonge les poteaux au droit des cloisons jusqu'à la hauteur des consoles des pannes, où ils s'assemblent à tenon et mortaise, ou bien on ne les prolonge qu'à hauteur d'homme, pour les relier par une traverse aux contre-forts des cloisons. Cette traverse porte un tenon passant qui traverse le poteau ; il est arrêté à son extrémité saillante par une cheville.

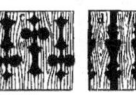
Fig. 70. Echelle de 0·025 p. m.

Ces deux modes de consolidation sont devenus des motifs de décoration.

Les planches formant balustrade sont très-peu évidées, malgré la nécessité de l'aération ; souvent il y a un certain nombre de planches pleines pour une seule qui est découpée.

Ces découpures sont tantôt symétriques, par rapport à des axes horizontaux, comme dans la figure 70 a, tantôt suivant des axes verticaux, comme en b de la même figure, et souvent, dans ce cas, avec alternance de motifs ; tantôt, comme en c le même motif se répète, mais en se renversant.

Quand les planches ne sont pas jointives et qu'elles affectent la forme de balustres, on en revient aux deux premiers procédés, comme le montre la figure 70 en d

Fig. 71.

Fig. 72.

et en e.

Quant au choix des formes et au mode de découpure, chaque contrée de la Suisse a ses types, ses profils particuliers.

(1) Les tons les plus employés sont : le vert, le noir et le blanc, puis le violet ; enfin, moins souvent, le bleu, le rouge et le jaune.

PARALLÈLE ENTRE LES CONSTRUCTIONS EN BOIS DE LA SUISSE ET DE L'ALLEMAGNE.

Les empilages en poutres rondes non équarries sont surtout employés pour les remises ou greniers à foin, et quelquefois même pour les maisons, dans les pays élevés.

La figure 71 montre une petite hutte à foin du Haslithal dont le type est très-répandu.

Quand ces poutres ne sont pas reliées par des cloisons sur une certaine longueur, on les moise verticalement. Les moises sont boulonnées par de forts clous en bois, à tête octogonale à l'extérieur, et à clavettes à l'intérieur.

Parfois les cloisons, dans les huttes à foin ou les greniers à fromages (fig. 72), sont faites de deux poutres debout sur les parois de refend. Dans ces constructions, les consoles des pannes ne sont qu'extérieures. Celles-ci sont profilées de toutes sortes de façons, mais toujours en tenant compte des joints et de manière à bien répartir la charge.

Le troisième genre de blockhau suisse est celui qui est répandu dans le canton d'Appenzell. Il conserve encore les caractères principaux du blockhau des trois cantons, mais il s'en distingue sur plusieurs points importants. Ces caractères principaux sont le résultat de la condition climatérique.

Ces habitations sont presque toujours dans une situation élevée et en butte aux orages. Aussi, les parois sont-elles presque tout entières revêtues de bardeaux : les fenêtres sont espacées par de larges trumeaux ; elles sont garnies, comme les portes, de petits toits, et sur les côtés de joues en planches qui aident à porter les petits toits (fig. 73).

Les faces latérales portent aussi de ces joues à leur extrémité, pour protéger les pignons. Elles sont maintenues par des liens entre la paroi latérale et la forte saillie du toit.

Les saillies des poutres étant un inconvénient pour le revêtement en bardeaux, ces maisons n'ont pas de contre-forts.

Les poutres, placées de champ, sont emboîtées aux angles des parois en queue d'aronde. Chaque poutre porte, en outre de la queue d'aronde, une entaille et un tenon de 0.02 à 0.03, suivant la fig. 74, a, b.

Fig. 73.

Pour tracer avec certitude la largeur et la profondeur des mortaises et des tenons sur les poutres, les charpentiers du pays se servent d'un instrument à eux propre, qui est représenté fig. 74, d, au tiers de sa grandeur naturelle.

Dans ces maisons, les volets se ferment aussi de bas en haut ; ils sont engagés derrière les planches recouvertes en bardeaux de l'allège des fenêtres.

Quant à la décoration de ces maisons, dont les faces et tous les supports apparents sont recouverts de bardeaux, elle consiste uniquement, à part cependant les ailes découpées des faces et des fenêtres, dans la peinture des bardeaux en différents tons.

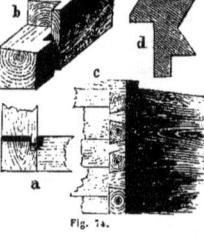

Par la distribution des fenêtres et par l'arrangement des angles, comme aussi par les planchettes sur le front des pannes, qui se rencontrent ici fréquemment, tandis qu'elles sont très-rares dans le reste de la Suisse, ce genre de blockhau se rapproche de celui du Tyrol.

Fig. 74.

Les maisons en empilage du reste de la Suisse se rattachent, en général, au système des trois cantons, de sorte qu'il ne nous reste à mentionner que quelques cas particuliers.

Les maisons du canton de Saint-Gall, de la fin du siècle dernier, n'ont pas échappé à l'influence de l'architecture bizarre de cette époque, dans leurs toits de madriers à formes courbes et dans les enveloppes de planches qui masquent toutes les pièces de support des auvents et de l'avant-toit, dont les dessous sont chargés de peintures et d'inscriptions.

On trouve même, à Wattwyl, dans une maison en empilage à toit raide, un poutrage dorique avec triglyphes.

Un autre genre de ce canton, caractérisé par ses parois en bardeaux et zinguées, par ses fenêtres accouplées et par son toit pointu et couvert en tuiles, paraît s'être introduit dans le Vorarlberg, car on y rencontre des constructions toutes pareilles.

Il est à remarquer ici que, dans l'assemblage des poutres aux angles, les joints verticaux de l'emboîtement sont taillés en onglet (fig. 75), ce qui permet de rencontrer les pièces avec plus de précision, tandis que les joints horizontaux ont un jeu de 0.006 pour faciliter le tassement qui se produit à mesure que les bois se dessèchent.

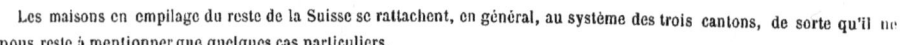

Fig. 75.

On voit encore, sur la figure 75, l'assemblage employé pour enter des poutres bout à bout ; c'est, comme on peut le voir, un trait de Jupiter avec tenon et vis.

Les cantons de Saint-Gall et d'Appenzell se distinguent par la finesse des découpures. Le canton de Fribourg s'en rapproche beaucoup sous ce rapport. On remplit les vides, au-dessus des portes des granges, par des panneaux très-ouvragés et polychromés, comme les liens et autres pièces de charpente qu'ils encadrent.

Dans le canton de Glaris, les auvents sont très-rares ; on y rencontre généralement le toit saillant de l'Oberland.

Les joints sont taillés en biseau. Les profils des courbes sont peints en rouge et noir, comme ceux des panneaux.

Les parois font saillie à partir du dessus des appuis du rez-de-chaussée (*fig.* 64, page 51).

Les galeries sont rarement sur les côtés, le plus souvent sur le pignon postérieur, sous l'avancée du toit.

Dans le canton de Zug et dans les parties du canton de Zurich voisines de Schwytz, on applique aux constructions en empilage les contre-fiches et les systèmes de décharge triangulaires des constructions en pans de bois.

Les constructions en empilage du canton de Lucerne se ressentent de l'influence des cantons environnants.

Ainsi, dans la partie avoisinant le canton de Berne, on rencontre des constructions à parois de madriers et à toit cambré du genre de ce dernier canton, à côté de très-anciennes maisons dans le style des cantons primitifs. Les grands toits, abritant tous les abords, y sont venus d'Argovie, et les parois en madriers, de Zurich. Dans l'Entlibuch, qui est enclavé entre Berne et Unterwalden, le système de parois en madriers du canton de Berne se combine d'une façon particulière avec les diverses variantes de l'empilage d'Unterwalden, comme dans le presbytère de Marbach, où les deux étages sont en madriers et le grand pignon qui les surmonte en empilage avec de grandes consoles pour épauler les pannes.

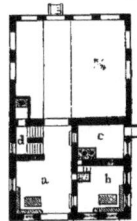

Fig. 76.

Dans le Tessin, le système d'empilage des trois cantons se marie avec le toit élevé des Grisons, couvert ici en lames de pierres de 0.90 de longueur, de 0.60 de largeur et de 0.06 d'épaisseur. Ces lames ne peuvent pas glisser, malgré la pente assez forte du toit, parce qu'elles sont tenues presque horizontales par les lattes, qui sont très-épaisses (*fig.* 76).

La maison d'habitation de la Suisse romane, où les poutres d'empilage sont masquées par la maçonnerie, est empreinte dans tout son ensemble d'un caractère si particulier, que nous n'avons pas, comme précédemment, séparé le plan de la construction dans l'étude sommaire qui termine cet ouvrage.

Dans la haute et basse Engadine et dans le district d'Albula, canton des Grisons, on reconnaît un mélange de la tradition du Nord et du Sud.

La chambre d'habitation, arrangée à la manière allemande, se rattache à l'atrium ou à la grande salle d'attente (vorhalle).

Le mur, décoré en sgraffite, comme on le rencontre dans le Sud, s'y allie à l'empilage du Nord ; les pannes serrées du Sud y portent le toit du Nord couvert en chaume avec ses forts chevrons.

Les inscriptions, même sur de vieilles maisons, montrent en même temps des devises latines, romanes et allemandes.

De l'Ouest est venue l'influence du Tyrol, dont on retrouve ici le comble à poteaux ouvert sur le pignon, le treillage du fronton, les têtes de chevaux se croisant au faîte et les galeries richement ouvragées des greniers.

Le pignon est sur la route, faisant un angle avec la méridienne (*fig.* 77) ; derrière la maison se trouve le grenier à fourrage, au-dessus des étables.

Le niveau de la route arrive entre les seuils des deux portes, dont les abords sont pavés ; l'entrée et la sortie sont séparées par un mur qui est recouvert d'une planche et qui sert de banc pour prendre le frais l'été.

Il est rare que l'entrée des voitures soit sur le côté et qu'il n'y ait pas une porte pour les gens et une porte pour le bétail.

Fig. 77. Echelle de 0,0025 p. m.

Dans le milieu de la grande entrée est pratiquée la porte de la maison, divisée en deux dans la hauteur et qui ouvre sur le grand vestibule *a*, construit tout en pierres.

Ce vestibule est couvert ou par un plafond formé de fortes poutres, ou par une voûte qui porte dans le plancher à foin.

A côté de la grande porte est une fenêtre derrière laquelle se trouvent un banc et une table qui servent aux repas en été.

Ce vestibule sert encore de dépôt pour les instruments aratoires. On y fait toutes sortes de travaux d'intérieur. Il sert de dégagement central, comme dans l'habitation romaine, aux pièces du rez-de-chaussée. Au fond est l'escalier qui mène à l'étage.

Quelques marches conduisent à la chambre d'habitation *b*.

Le mur en maçonnerie s'arrête à la hauteur de la sablière de cette chambre, dont l'intérieur est en empilage lambrissé et arrangé avec art, comme dans tout le reste de la Suisse.

La cuisine *c*, à côté, est voûtée et munie d'un four adossé à l'extérieur. Dans la cloison de séparation, il y a une ouverture avec un guichet.

A l'étage supérieur, un couloir voûté, sur l'axe du pignon, conduit ordinairement aux chambres rangées latéralement et dont quelques-unes sont aussi voûtées; l'habitude du pays de sécher de la viande crue à l'air nécessite toujours une chambre voûtée avec des trous d'aération.

L'escalier en pierre *d* est aussi voûté à chaque étage. Il y a une maison de ce genre, à Bergün, qui a jusqu'à quatorze pièces voûtées. Ces voûtes sont généralement très-légères; leurs retombées sont quelquefois ancrées par des poutres avec de fortes clavettes; elles sont maçonnées en galets des champs ou en moellons à bain de mortier très-épais. Quant à la forme, elles sont en berceau ou en voûtes d'arête. On y voit des voûtes de 7.20 de portée qui n'ont que de 0.18 à 0.30 de flèche et de 0.60 à 0.80 d'épaisseur de retombée.

Les murs du grenier à foin sont percés de grandes ouvertures cintrées qui sont fermées par des planches découpées. Sur le pignon postérieur de ce grenier est souvent une galerie avec une porte qui mène, par un escalier, du plancher à foin à la prairie, où le bétail arrive souvent aussi par une sortie particulière.

Les façades des pignons empruntent un caractère original à la disposition d'une partie de la façade en saillie sous l'avancée du toit, et dans toute la largeur de la chambre d'habitation, ce qui permettrait d'avoir vue de cette chambre sur les deux côtés de la rue, et de faire une montée plus commode pour la porte cochère.

Dans des maisons plus grandes il y a encore une chambre de l'autre côté de la salle d'entrée; quand la maison est faite pour deux familles associées, la même disposition se répète le long de la route avec une séparation sur le milieu du pignon. Le climat rude de ces vallées élevées rendait nécessaire, dans les parties habitées, l'enveloppe de maçonnerie autour des minces parois en empilage. Ces murs, de 0.45 à 0.54, ne se construisaient qu'après que les charpentes se fussent tassées et quand la maison était déjà habitée. On trouve encore maintenant de vieilles maisons, à Bergün, dont les parois en bois de la chambre d'habitation n'ont pas été entourées de murs.

Les contre-forts, formés par les poutres équarries, de 0.12 d'épaisseur et de 0.48 de hauteur, sont alternativement plus courts ou plus longs et se relient comme des chaînes avec la maçonnerie. Les murs de l'enveloppe sont parfois en encorbellement sur le socle, portés par des consoles avec arcatures en pierre. Afin de régulariser le tassement, on engageait à chaque étage une sablière dans la partie extérieure de l'épaisseur du mur; les portes et les fenêtres sont, à raison de la rigueur de l'hiver, aussi petites que possible. Les portes sont souvent si basses qu'on est obligé de se baisser pour entrer. Les fenêtres se rétrécissent en entonnoir, de l'extérieur à l'intérieur, jusqu'aux quatre petits châssis vitrés à guillotine, ayant chacun son petit volet en bois.

Ces châssis sont protégés en outre par des espèces de doubles fenêtres en deux panneaux, glissant de part et d'autre dans les rainures pratiquées entre la paroi et la maçonnerie, et par des volets qui jouent dans la même rainure.

Les dormants des rainures de ces doubles fenêtres et des volets sont adaptés à la face extérieure des poteaux qui encadrent les petits châssis.

Le linteau en maçonnerie de l'embrasure repose sur un fort madrier, dont les bouts portent sur les piédroits.

L'embrasure est tout entière garnie de madriers, quand les fenêtres sont engagées dans l'épaisseur du mur, ce qui ne change du reste rien à leur construction.

Les fenêtres sont ordinairement garnies de riches grillages en fer; nous en avons relevé aussi de très-gracieux en bois. La plus grande irrégularité règne dans la grandeur et la disposition des fenêtres et des portes. Cette irrégularité est commandée par la différence de hauteur des plafonds et des voûtes; elle est augmentée encore par les balcons ou les bretèches sur plan triangulaire qu'on applique à certaines ouvertures, pour faciliter la vue. Les plafonds des pièces habitées sont pour la plupart plats, quelquefois ils ont une légère courbure; ils sont faits de madriers engagés à feuillure, chacun entre deux nervures. Les toitures sont en bardeaux courts et épais, posés sur lattis. Le pied et le faîte du toit sont lestés par plusieurs rangées de planches de 1.80 de longueur, posées à recouvrement, la pente raide du toit empêchant de le lester avec des pierres.

Les frontons du pignon sont ou maçonnés, ou à jour, laissant voir la charpente du comble. Souvent aussi les poutres de l'empilage des deux pignons forment avec les pannes, comme le montre la figure 78, une clôture ajourée en manière de *claustra* d'un caractère très-primitif.

Fig. 78.

Les grandes surfaces pleines des façades sont relevées de peintures en sgraffite d'une grande originalité. Les ornements sont en blanc sur fond gris ou en noir sur fond blanc, parfois aussi sur un quadrillé blanc. Le fond gris consiste en un enduit grossier, préparé avec un sable gris, dont on recouvre tous les parements. Sur ce fond on passait, sur les parties destinées à recevoir les peintures, au moyen de patrons, un mortier blanc frotté en glacis ; le dessin se gravait par des contours de 0.003 de largeur et de profondeur, mettant à découvert le fond gris de dessous. On mettait ensuite, dans le creux de ces contours, un ton, le plus souvent gris foncé, quelquefois rouge ou bleu cobalt, pour faire valoir le champ blanc de l'ornement.

Grâce à la profondeur des traits, qui a facilité les réparations, ces peintures se sont conservées pendant des siècles et produisent encore beaucoup d'effet, même à une grande distance, par la netteté de leurs contours.

Avant de terminer cette étude, nous croyons devoir donner à nos lecteurs quelques explications sur les légendes qui accompagnent chacune des planches. Le numéro d'ordre et la légende de l'édition française sont placés, dans le haut, vers le milieu de la planche. La légende placée dans le bas de la planche concerne uniquement l'édition allemande. Les lettres et les chiffres, placés à droite, dans le haut de la planche, ont la signification suivante : A, B, C,.... désignent les différents cantons ; I, II, III,.... désignent les différentes constructions des mêmes cantons ; 1, 2, 3,.... désignent les différentes planches appartenant à la même monographie.

TABLE DES PLANCHES.

Frontispice. — Volet d'une maison, près Watwyl (Saint-Gall). — V. pl. XXIV et XXV.

	Moulin du Manneberg (Zurich).		La Maison haute a Wolfenschiessen (Unterwalden).
I-II	Vue perspective.	XXII	Vue perspective.
III	Détails.	XXIII	Détails de charpente.
	Maison du Rosswiesli (Zurich).		Maison Hochsteig, près Watwyl (Saint-Gall).
IV	Vue perspective.	XXIV	Vue perspective.
V	Détails de charpente.	XXV	Porte d'entrée, détails.
VI	Maison Schmidt, a Buelisacher (Argovie).	XXVI	Le vieux presbytère catholique a Peterzell (Saint-Gall).
	Maison Huber, a Meiringen (Berne).	XXVII	Maison Vogeli et Kundert, a Ruti (Glaris).
VII	Vue perspective, coupe et détails.	XXVIII	Maison Schild, a Meiringen (Berne).
VIII	Détails de charpente.		Magasins a fromages et maison Michel, a Bonigen (Berne).
IX	Fermes a Hong et a Schiarmensée (Zurich).	XXIX	Grenier à fromages, élévation et détails.
X	Maisons a Fluntern et a Horgen (Zurich).	XXX	Grenier et maison Michel, vue perspective.
XI	Maisons a Wytikon et a Enge (Zurich).	XXXI	Greniers a Brienz (Berne).
XII-XIII	Volets a Birmensdorff (Zurich).	XXXII	Greniers a Langnau (Berne).
XIV	La Vieille Auberge, a Baar (Zug).	XXXIII	Construction des galeries et des avant-toits (Berne).
XV	La maison du sacristain, a Marbach (Lucerne).	XXXIV	Saanen (Berne).
XVI	Maison Stetter, a Eggivyl (Berne).	XXXV	Maison d'école a Rougemont (Vaud).
XVII	Maisons dans le canton de Schwytz.	XXXVI	Presbytère protestant a la Rossinière (Vaud).
XVIII	Haashœfli, près Steinen (Schwytz).	XXXVII	Grange a Cinuskel. — Comble a Sainte Marie (Grisons).
XIX	Presbytère a Steinen (Schwytz).	XXXVIII	Maison Fallet, a Bergun (Grisons).
XX	Remises et écuries a Fluelen (Uri).	XXXIX	Grange a Zernez et galerie a Alvaneu (Grisons).
XXI	Maison et chapelle sur la route du St-Gothard (Uri).	XL	Maison Cuorat, a Lavin (Grisons).

TABLE DES MATIÈRES

ÉTUDE SUR L'ENSEMBLE DES CONSTRUCTIONS EN BOIS

	Pages
AVANT-PROPOS.	1
LE MOULIN DU MANNEBERG (Zurich). — Pl. I à III.	
— Notice descriptive (fig. 1 à 5).	5
— Description de la construction (fig. 6 à 14).	7
MAISON DU ROSSWIESLI, à Fischenthal (Zurich). — Pl. IV et V.	
— Notice descriptive (fig. 15).	15
— Description de la construction (fig. 16 à 22).	16
LA MAISON DES FRÈRES SCHMIDT, à Buëlisacher (Argovie). — Pl. VI.	
— Notice descriptive (fig. 23 et 24).	21
— Description de la construction (fig. 25 à 39).	22
LA MAISON DU JUGE DE PAIX HUBER, à Meiringen (Berne). — Pl. VII et VIII.	
— Notice descriptive.	26
— Description de la construction.	26

LES PANS DE BOIS.

	Pages
FERME A HONG. — LE MEIERHOF (Zurich), pl. IX.	
— Notice descriptive (fig. 40 et 41).	28
MAISON A SCHIRMENSEE, près Rapperschwyl (Zurich), pl. IX.	
— Notice descriptive (fig. 42 et 43).	29
MAISON NÆGELI, à Fluntern (Zurich), pl. X.	
— Notice descriptive (fig. 44).	29
LA MAISON HUNI, à Horgen (Zurich), pl. X.	
— Notice descriptive (fig. 45 et 46).	29
MAISON LANG, à Wytikon. — MAISON AM RANK, à Enge (Zurich), pl. XI.	
— Notice descriptive (fig. 47 à 51).	30
VOLETS, à Birmensdorf (Zurich), pl. XII-XIII.	
— Notice descriptive.	31
LA VIEILLE AUBERGE, à Baar (Zug), pl. XIV.	
— Notice descriptive (fig. 52).	31
LA MAISON DU SACRISTAIN, à Marbach (Lucerne), pl. XV.	
— Notice descriptive.	31
MAISON J. STETTER, à Eggiwyl (Berne), pl. XVI.	
Notice descriptive.	32

TABLE DES MATIÈRES.

CONSTRUCTIONS EN PANS DE BOIS MASSIF.

	Pages
MAISONS D'HABITATION dans le canton de Schwytz, pl. XVII.	
Notice descriptive.	32
LE HAASENŒFLI, près Steinen (Schwytz), pl. XVIII.	
Notice descriptive.	33
LE PRESBYTÈRE, à Steinen (Schwytz), pl. XIX.	
Notice descriptive.	33
REMISES A FOURRAGES ET ÉCURIES à Fluelen (Uri), pl. XX.	
Notice descriptive.	34
MAISON SUR LA ROUTE DU ST-GOTHARD (Uri), pl. XXI.	
Notice descriptive (fig. 53).	34
LA MAISON HAUTE, à Wolfenschiessen (Unterwalden), pl. XXII et XXIII.	
Notice descriptive.	35
MAISON HOCHSTEIG, près Watwyl (Saint-Gall), pl. XXIV et XXV.	
Notice descriptive (fig. 54 et 55).	36
LE VIEUX PRESBYTÈRE CATHOLIQUE, à Peterzell (Saint-Gall), pl. XXVI.	
Notice descriptive.	37
LA MAISON DE J. VOGELI ET DE J. KUNDERT, à Ruti (Glaris), pl. XXVII.	
Notice descriptive.	38
MAISON GASPARD SCHILD, à Meiringen (Berne), pl. XXVIII.	
Notice descriptive.	39

	Pages
MAGASIN A FROMAGES ET MAISON MICHEL, à Bonigen (Berne), pl. XXIX et XXX.	
Notice descriptive.	39
GRENIER A BRIENZ (Berne), pl. XXXI.	
Notice descriptive.	40
GRENIERS A LANGNAU (Berne), pl. XXXII.	
Notice descriptive.	40
CONSTRUCTION DES GALERIES ET DES AVANT-TOITS (Berne), pl. XXXIII.	
Notice descriptive.	41
SAANEN (Berne), pl. XXXIV.	
Notice descriptive (fig. 56).	41
MAISON D'ÉCOLE A ROUGEMONT (Vaud), pl. XXXV.	
Notice descriptive.	42
PRESBYTÈRE PROTESTANT A LA ROSSINIÈRE (Vaud), pl. XXXVI.	
Notice descriptive (fig. 57).	42
GRANGE A CINUSKEL ET TOIT DU MOULIN DE SAINTE MARIE (Grisons), pl. XXXVII.	
Notice descriptive.	43
MAISON FALLET, à Bergun (Grisons), pl. XXXVIII.	
Notice descriptive.	43
GRANGE A ZERNEZ ET GALERIE A ALVANEU (Grisons), pl. XXXIX.	
Notice descriptive.	43
MAISON CUORAT, à Lavin (Grisons), pl. XL.	
Notice descriptive.	44

PARALLÈLE ENTRE LES CONSTRUCTIONS EN BOIS DE LA SUISSE ET CELLES DE L'ALLEMAGNE.

Notice descriptive (fig. 58 à 59).	45
RIEGELBAU. — Pans de bois (fig. 60).	48
STANDERBAU. — Pans de bois en madriers (fig. 61 et 62).	49
BLOCKBAU. — Empilage (fig. 63 à 78).	50

PL. III. MOULIN À MANNEBERG — DÉTAILS.

ROSSWIESLI BEI FISCHENTHAL.

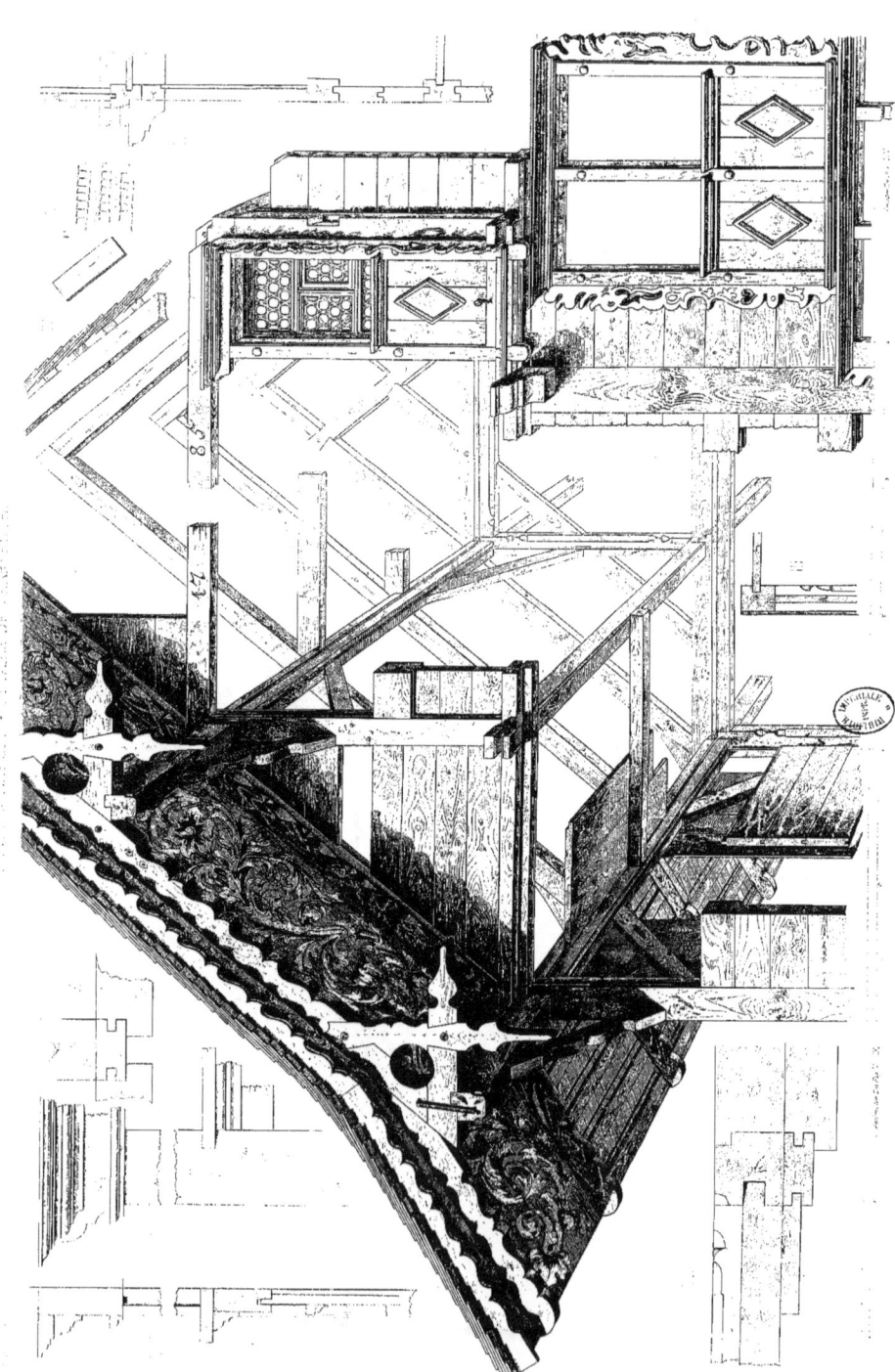

DAS HAUS DER GEBR. SCHMIDT IN BUELISACKER.

PL.VII. MAISON HUBER à MEIRINGEN.

HAUS DES FRIEDENSRICHTERS HUBER IN MEIRINGEN.

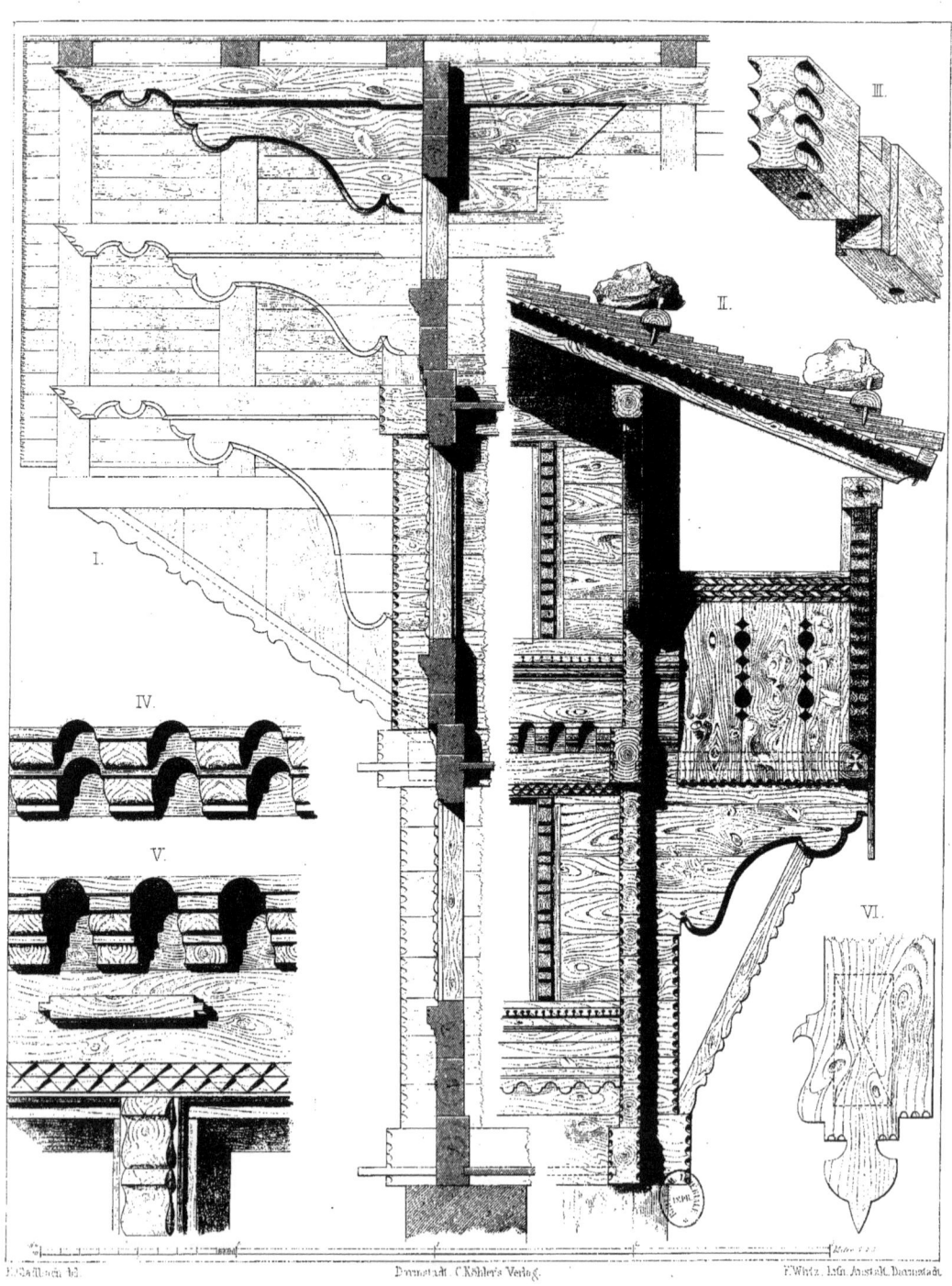

HAUS DES FRIEDENSRICHTERS HUBER IN MEIRINGEN.

Pl. IX. FERMES À HOENGG ET À SCHIRMENSEE.

MEIERHOF IN HOENGG.

SCHIRMENSEE BEI RAPPERSCHWYL.

Darmstadt: C. Koehler's Verlag.

Pl. IX. MAISONS à FLUNTERN et à HORGEN.

DAS HAASE-HOF BEI STEINEN.

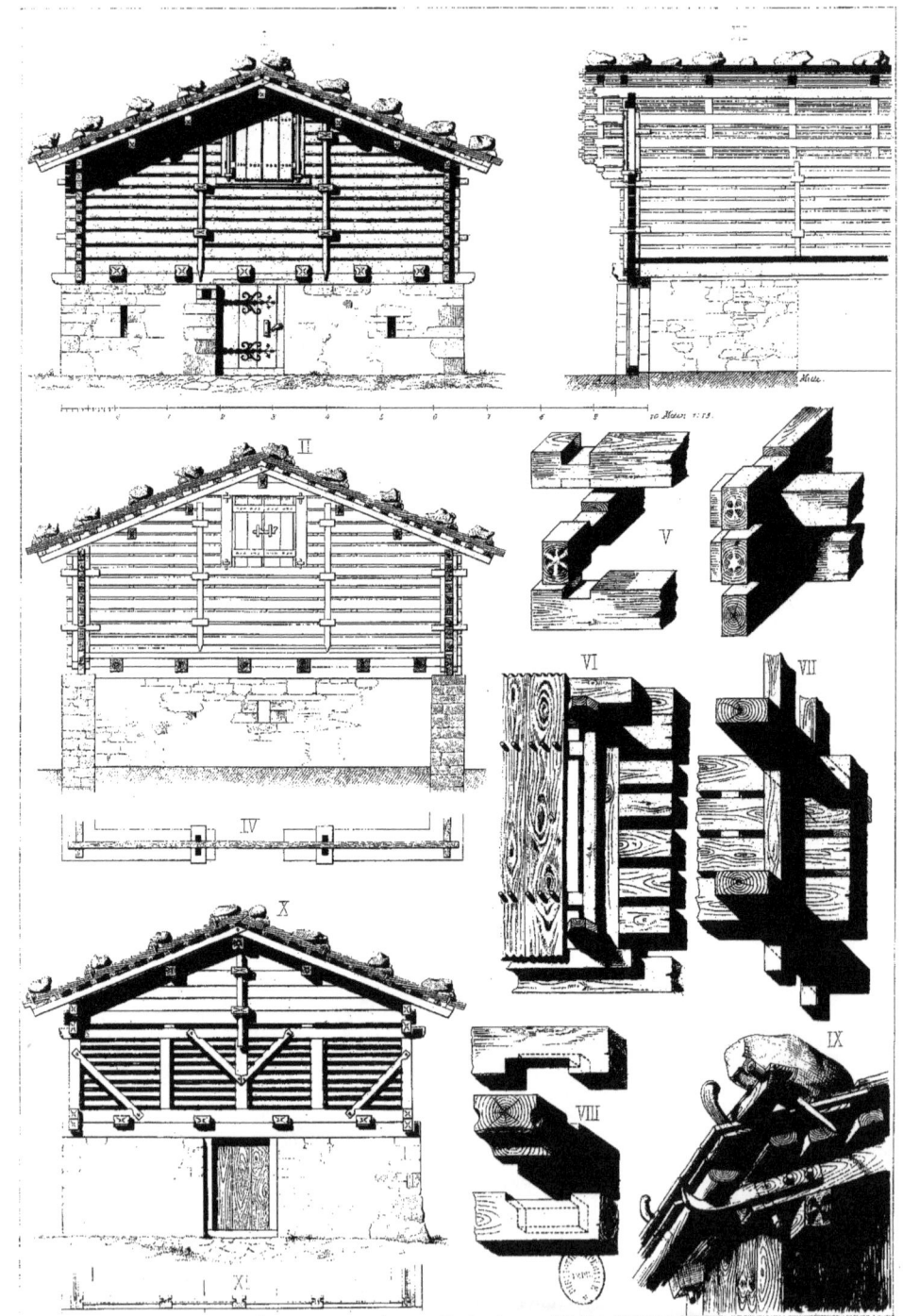

MAISONS ET CHAPELLE SUR LA ROUTE DU SAINT-GOTHARD.

HÄUSER und CAPELLE an der ST GOTTHARD-STRASSE.

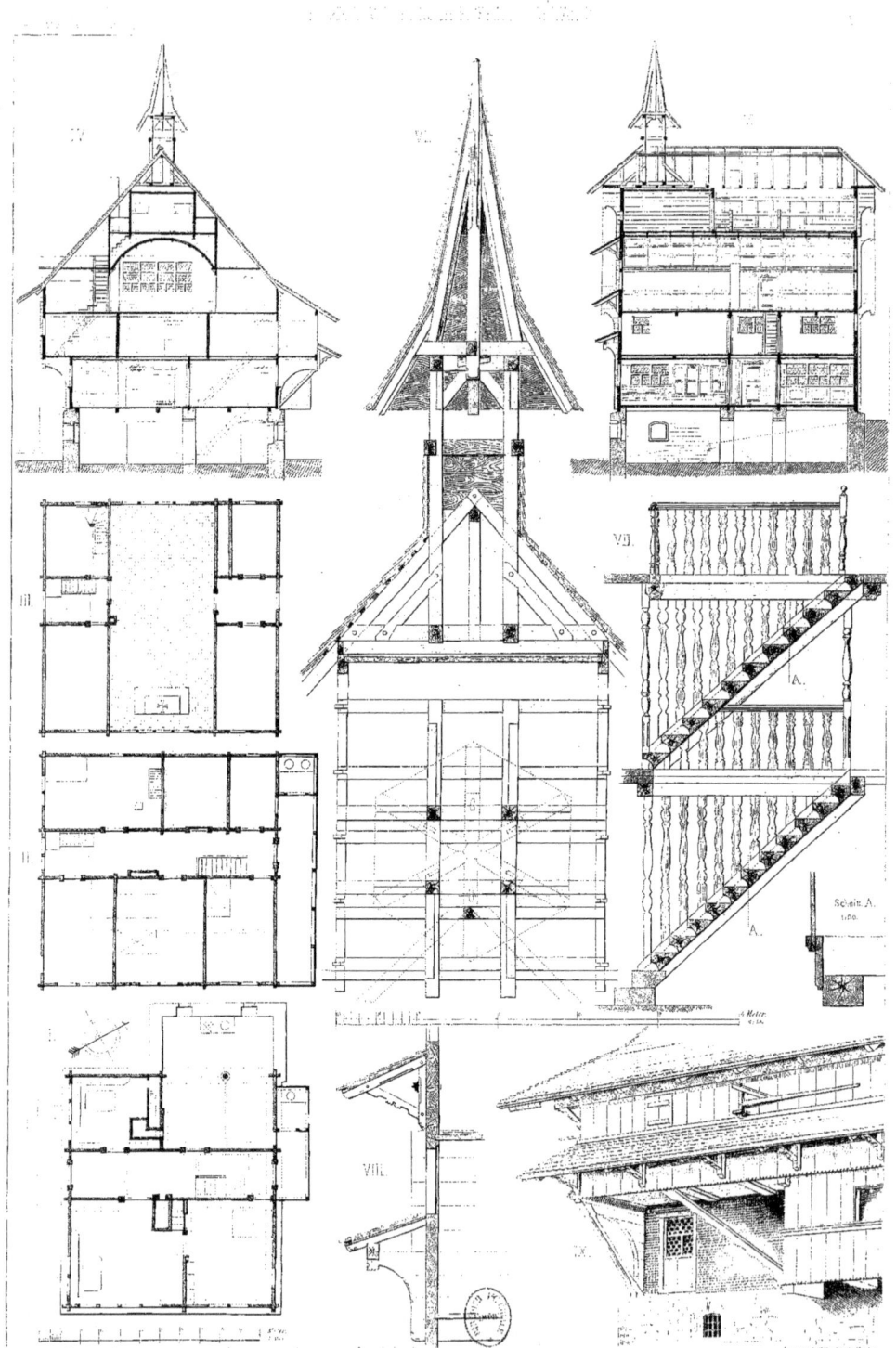

HOCHSTEIG BEI WATTWYL
Toggenburg

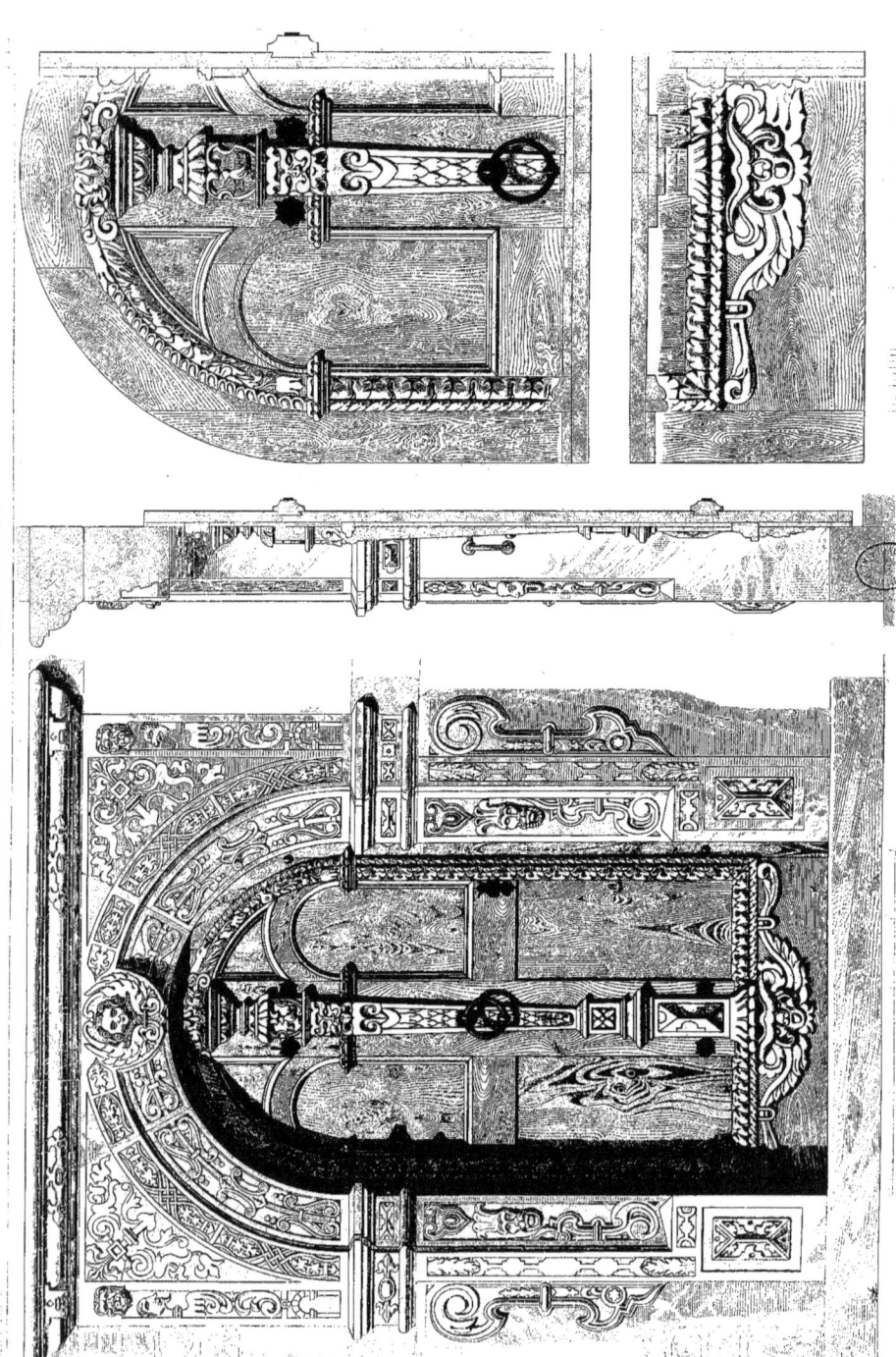

PLAN FENESTRE A PETERZELL

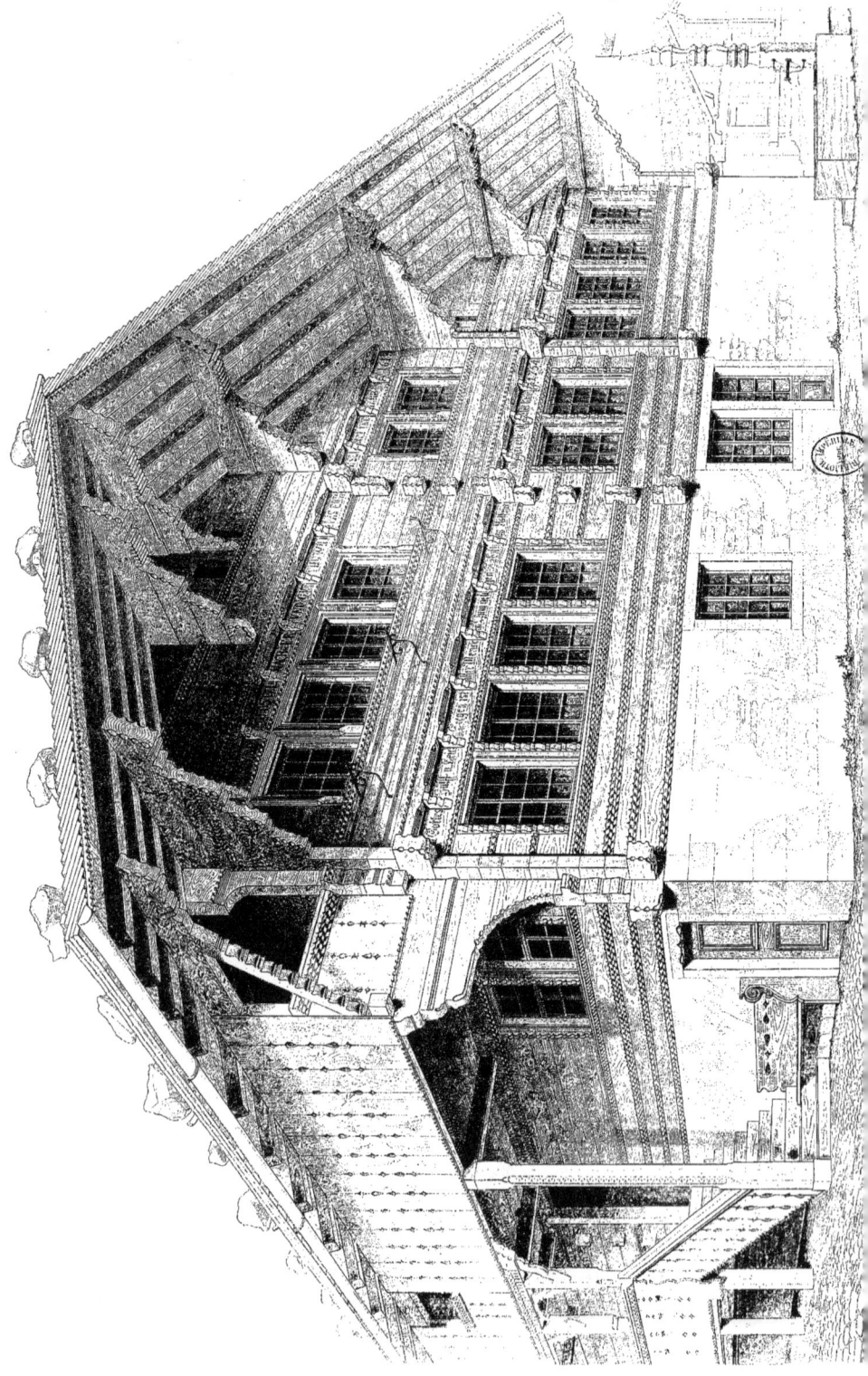

HAUS SPENCER UND MICHELS HAUS ZU KÖNIGEN.

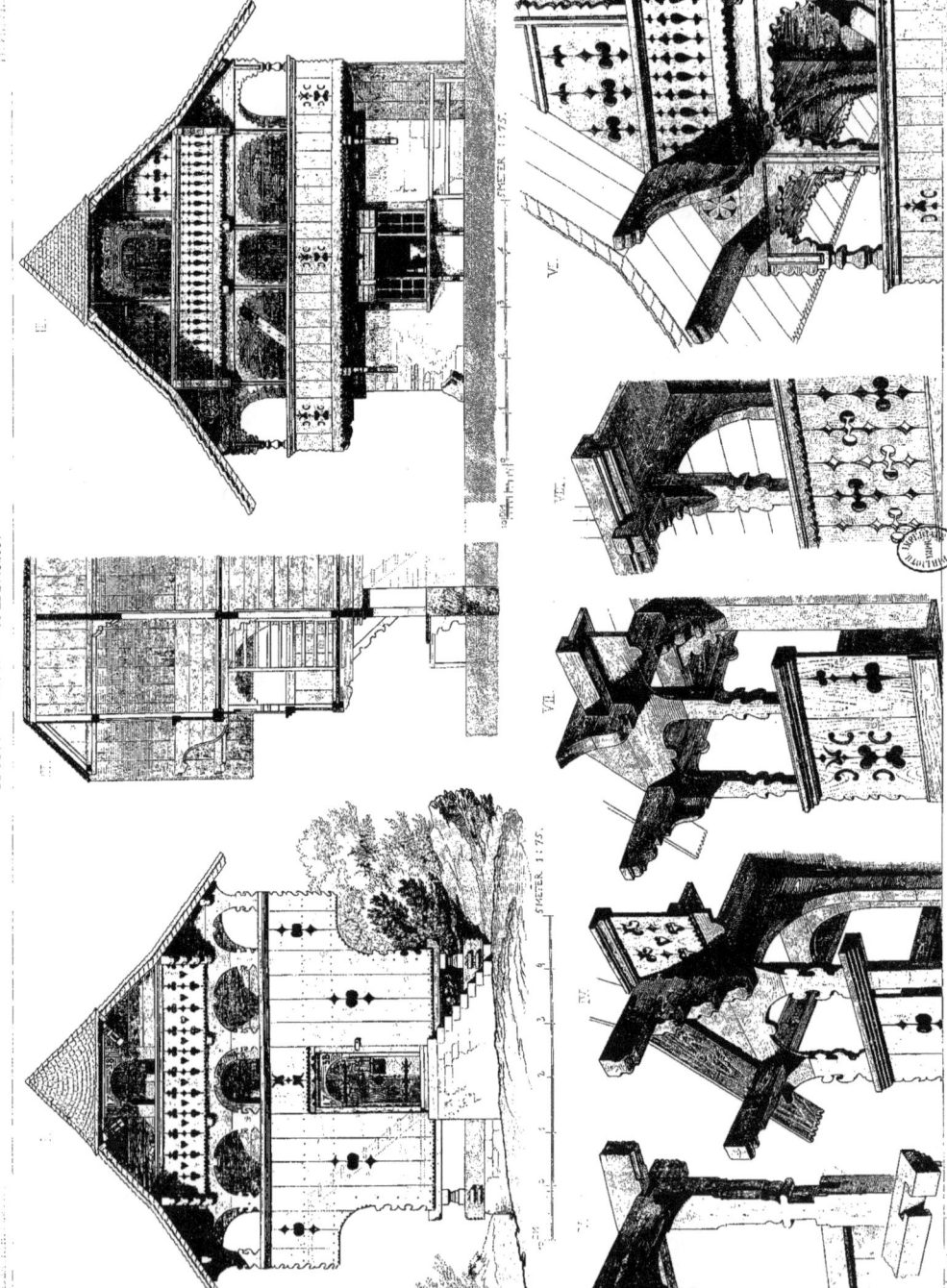

Pl. XXIII. DÉTAILS DE CHARPENTE GALERIES ET AVANT-TOITS

Pl. XXXVI. PRESBYTÈRE À LA ROSSINIÈRE.

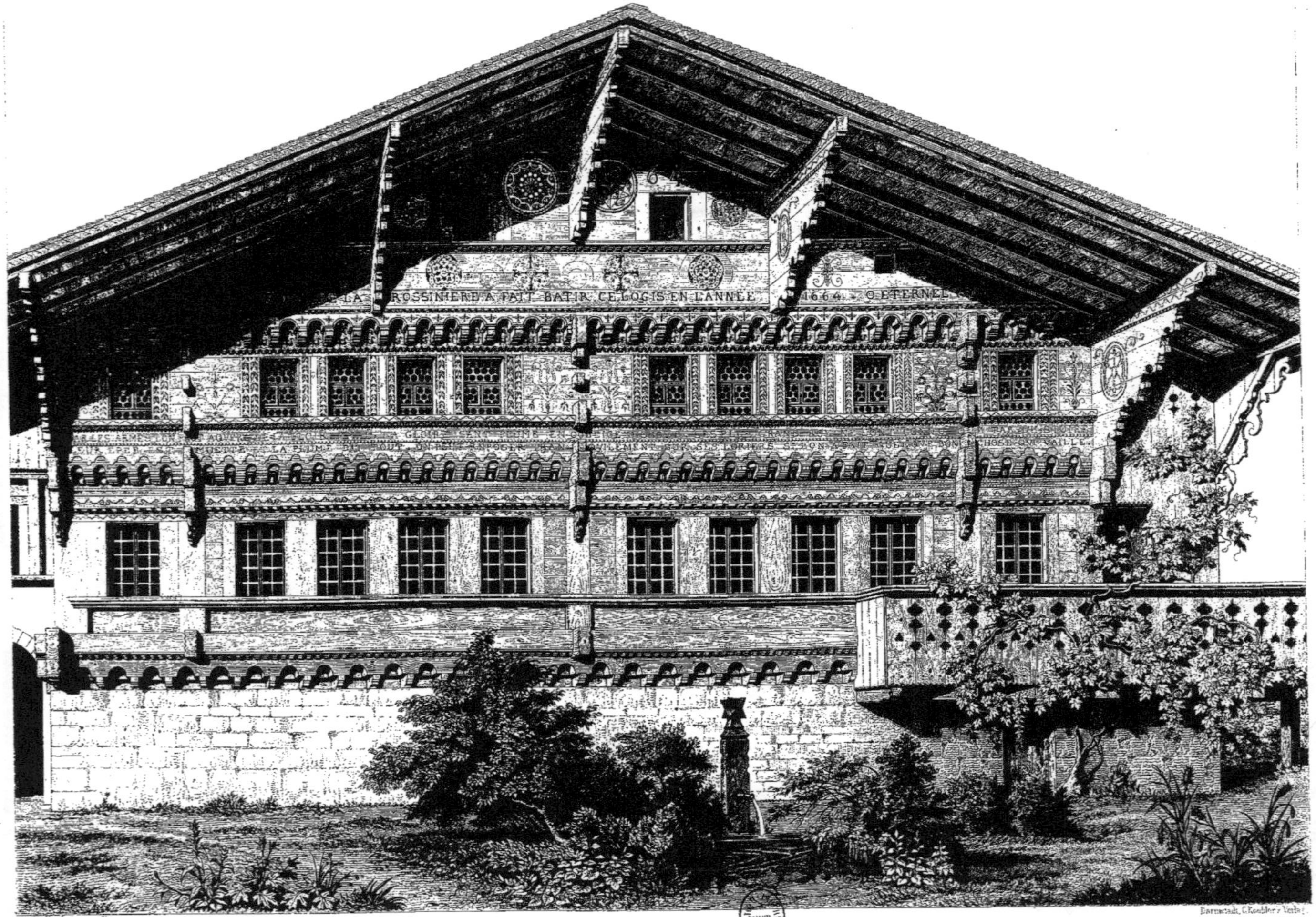

DAS EVANG. PFARRHAUS ZU ROSSINIERE.

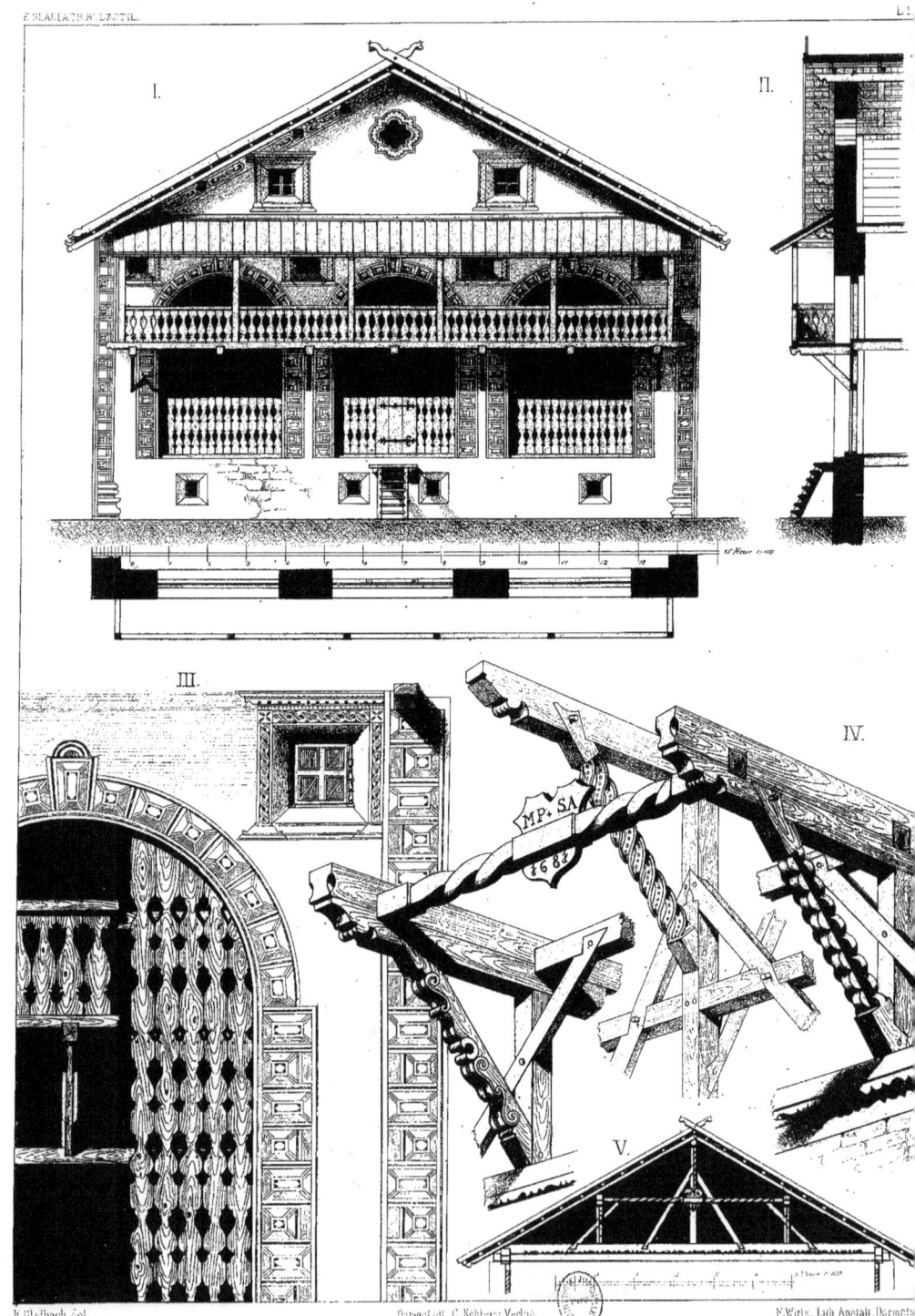

DAS HAUS CUORAT IN LAVIN.

DAS HAUS CUORAT IN LAVIN.